코리안 디아스포라의 초국가적 성격

저자

임채완 전남대학교 세계한상문화연구단 전 단장,
전남대학교 정치외교학과 명예교수, 정치사회학박사

선봉규 전남대학교 세계한상문화연구단 전 학술연구교수,
전남대 글로벌디아스포라연구소 연구위원, 정치학 박사

지충남 전남대학교 세계한상문화연구단 전 학술연구교수,
전남대 글로벌디아스포라연구소 연구위원, 정치학 박사

전형권 전남대학교 글로벌디아스포라연구소 연구위원, 정치학 박사

전남대학교 세계한상문화연구 6차 총서 07

코리안 디아스포라의 초국가적 성격

2021년 3월 20일 초판 인쇄
2021년 3월 25일 초판 발행

지은이 | 임채완 · 선봉규 · 지충남 · 전형권
펴낸이 | 이찬규
펴낸곳 | 북코리아
등록번호 | 제03-01240호
주소 | 13209 경기도 성남시 중원구 사기막골로 45번길 14 우림 2차 A동 1007호
전화 | 02-704-7840
팩스 | 02-704-7848
이메일 | ibookorea@naver.com
홈페이지 | www.북코리아.kr
ISBN | 978-89-6324-797-7 (93300)

값 17,000원

• 이 총서는 2010년 정부재원(교육과학기술부 인문사회연구역량강화사업비)으로 한국연구재단의 지원을 받아 연구되었음 (NRF-2010-413-2013S1A5B8A01055017).
This work was supported by the National Research Foundation of Korea Grant funded by the Korean Government (NRF-2010-413-2013S1A5B8A01055017).

전남대학교 세계한상문화연구 6차 총서 07

코리안 디아스포라의 초국가적 성격

Korean Diaspora: Transnational Characteristics

임채완 · 선봉규 · 지충남 · 전형권

총서를 펴내며

전남대학교 세계한상문화연구단은 2010년 한국연구재단 대학중점연구소지원사업에 선정되어 "민족분산과 지구적 소통으로서 디아스포라 연구"라는 주제로 9년에 걸쳐 연구를 수행하고 있다. 이 총서는 제2단계 연구주제인 "동북아시아 디아스포라의 초국가적 성격"이라는 3년간의 연구과제 중 3차년도 연구주제인 "동북아 민족분산의 초국가적 성격"에 해당되는 내용으로 1년간 수행한 연구결과물을 엮어 책으로 출간한 것이다.

본 연구단이 수행하고 있는 중점연구 제2단계의 연구목표는 한국, 중국, 일본 등 동북아 이산민족들의 현지적응과 정착기제를 초국가적인 관점에서 비교하여 이들 국가에서 발생한 이산민족의 보편성과 특수성을 규명하는데 있다. 이론적으로는 베르브너(Werbner)가 정의한 '디아스포라의 위치(Place of Diaspora)' 개념과 초국가주의(Transnationalism)의 개념을 원용하여 탈영토적 '경계(Border)'에 걸쳐 사는 이주민들의 초국가적인 삶을 재해석하는 데 있다. 또한 글로벌 동북아 디아스포라가 거주국에 정착하는 과정에서 마주하게 되는 '물리적 경계(Boundary)'가 어떤 방식으로 그들을 타자화 시키고 심리적 경계로 고착화시켜 왔는지, 그리고 모국에 대한 디아스포라들의 상상력은 어떻게 형상화되었고 다중정체성(Multiple-Identity)을 발현시켰는지에 대해 밝히는 데 있다.

구체적으로 제2단계 3년동안 수행될 연구내용을 살펴보면, 제1년차에는 동북아 이산민족(해외 한인, 화인, 일계인)의 현지적응과 정착기제를 연구하였다. 모국을 떠난 동북아 디아스포라들이 이주지에서 현지사회로부터 경험한 배제와 타자화의 기제에 대하여 구체적인 사례와 자료수집을 통해 규명하였다. 또한 동북아 디아스포라 이주자들이 어떻게 현지에 적응했는지에 대한 현지적응 기제(Mechanism)를 밝히고 있다. 제2년차에는 해외 한인, 화인, 일계인의 다중정체성과 모국과의 연계성을 비교 연구하는 작업을 수행하였다. 본 연구과제를 수행하기 위해 모국에 대한 동북아 디아스포라의 송금, 모국에 거주하는 가족 내지 친척과의 교류와 방문정도, 모국에 대한 기대와 희망 등을 심층 조사하였다. 그리고 도상학(Iconography)적 관점에서 동북아 디아스포라가 갖는 '모국신화'와 '상징'기제를 조사하여 모국에 대한 기억장치가 어떻게 각인되었고, 실제로 어떻게 작용하였는지에 대하여 분석하였다. 연구과정에서 발굴한 자료들을 가공하여 문화콘텐츠로 개발하였다. 제3년차는 동북아 디아스포라의 사례를 통해 동북아 이산민족의 초국가적 성격의 비교 연구를 수행하였다. 먼저 연구 수행을 위해 동북아 민족분산을 유형별(Typology)로 분류하고 이주의 보편성과 특수성을 개념화하는 이론작업을 시도하였다. 또한 동북아 각국에서 국제이주를 유발하는 배출요인(PUSH Factor)과 이주를 수용하는 흡인요인(PULL Factor)이 무엇인지를 비교연구하였다. 이러한 연구를 통해 궁극적으로 동북아 디아스포라의 초국가적 성격을 도출하고자 한다. 2단계 3년간의 연구성과는 아카이브 작업을 통해 '디아스포라 문화자원 DB'로 구축하여 후속연구에 유용한 자료를 제공할 것으로 기대한다.

해외 한인팀은 제2단계 3차년도 연구과제인 "해외 한인의 민족분산과 초국가적 성격"을 규명하는 데 중점을 두었다. 이러한 목적을 달성하기 위해 연구팀은 문헌연구와 현지조사, 면접조사 등을 통해 자료를 수집하여 활용하였다. 연구팀은 조선족의 신 이주와 초국가적 삶을 살펴보기 위해 중국의 수도인 베이징에 이주, 정착한 조선족의 사례와 일본의 수도인 도쿄지역에 이주, 정착한 조선족 사례와 함께 러시아 · 중앙아시아지역에서 한국에 이주, 정착한 고려인의 사례를 살펴보았다. 구체적으로, 이번 총서에서는 초국적 생활공간으로써 특징을 갖는 중국 베이징 왕징과 일본 도쿄에서 살아가고 있는 조선족들의 이주 동기와 정착지에서 적응하기 위해 형성한 커뮤니티 현황 및 기능, 그리고 초국적 삶이 어떠한지 고찰하였다. 이를 위해 연구자는 2016년 2월 26일부터 3월 4일까지 베이징 왕징과 옌자오를 방문하여 수집한 자료들을 활용하였다. 또한 광주광역시 광산구 월곡동 일대에 거주하고 있는 고려인들이 지역사회에 정착, 적응하는 과정에서 형성한 고려인 마을의 공간적 특성이 어떠한지 현지조사를 통해 자료를 수집, 활용하였다.

해외 화인팀은 제2단계 제3차년도 연구주제인 "해외 화인의 민족분산과 초국가적 성격"을 규명하고자 했다. 막강한 경제파워와 초국적 네트워크를 구축한 화인 디아스포라는 현지 거주국에서 안정적으로 정착하고 있을 뿐만 아니라, 모국어와 전통문화를 계승하고 민족정체성을 유지하면서 모국과의 연계를 이어가고 있다. 화인 디아스포라는 모국과 거주국을 넘나드는 '경계인'으로서 초국가적 성격을 나타내고 있다. 이번 총서에서는 동남아시아 중에서도 현지사회에 안정적으로 정착한 말레이시아 화인 디아스포라를 연구대상으로 선정하여 연구를 수행했다. 연구팀은 심도 있는 연구를 진행하기 위해 말레이시아 쿠알라룸푸르, 말라카, 페낭을 직접 방문하여 자료를 수집하였으며, 문헌연구 · 설문조사 · 심층면접을 병행하여 화인 디아스포라의 이주역사, 화인 밀집거주지역 차이나타운의 현황, 민족교육 실태, 말레이인과의 종족관계, 모국과의 연계 등을 세부적으로 검토하였다.

해외 일계인팀은 제2단계 제3차년도 연구주제인 "해외 일계인의 민족분산과 초국가적 성격"을 규명하고자 하였다. 이러한 목적을 달성하기 위한 연구방법으로 일본과 브라질지역은 현지조사와 참여관찰에 의한 심층면접 및 설문조사, 미국지역은 문헌연구를 중심으로 진행하였다. 인터뷰 대상자는 이들 해외일계인의 경험을 비교적 온전히 증언할 수 있는 면담자를 선정하여 해외일계인 이주의 유형화, 유출입 요인, 초국가적 성격에 관한 구술사료를 수집하고 이를 채록하여 연구자료로 활용했다. 해외일계인 2단계 3차년도의 연구목적을 달성하기 위해, 현지조사의 주요 대상지역은 도쿄 요코하마에 있는 JICA(해외이주자료관), 요코하마시 쓰루미구(横浜市鶴見区), 시즈오카 현 하마마쓰 시(静岡県浜松市), 나고야 오수(名古屋大須) 및 9번 단지 등 일계인 집거지를 현지 방문하여 참여관찰을 수행하였다. 또한 브라질 상파울루 리베르다지 일계인타운과 봉헤찌로 코리아타운을 방문하여 문헌자료와 인터뷰자료를 수집하였다. 이와 같이 이번 총서는 3개 연구팀에서 실시한 현지조사와 설문조사, 면접조사 등의 자료를 활용하여 발간하기에 이르렀다.

마지막으로 이 책이 세상에 나오기까지 물심양면으로 도와주신 분들께 감사드린다. 이 책의 연구성과는 중점연구사업의 일환으로 동북아디아스포라 연구를 수행할 수 있도록 지원해주신 한국연구재단, 그리고 연구단이 주최한 각종 국내 및 국제학술대회에 참석하여 연구성과에 대한 발표자 및 토론자로 유익한 조언을 해주신 국내외 디아스포라 전문가 및 학자, 연구단 홍보에 아낌없이 지원해주신 언론 관계자들 덕분이다. 이들 모두에게 진심으로 감사드린다. 또한 이른 아침부터 늦은 밤까지 불철주야로 연구에 전념해준 학술연구교수를 비롯하여 공동연구원, 연구보조원들에게도 감사를 드린다.

2021년 3월
용봉골에서
저자 일동

| 서 문 |

전남대학교 세계한상문화연구단은 재외한인 연구 및 글로벌 디아스포라 연구의 전문연구기관으로써 2010년 한국연구재단 대학중점연구소지원사업에 선정되어 "민족분산과 지구적 소통으로서 디아스포라 연구"라는 주제로 총 3단계 9년에 걸쳐 연구 프로젝트를 수행하고 있다. 제2단계에서는 "동북아시아 디아스포라의 초국가적 성격"이라는 주제로 연구를 수행했으며, 이 총서는 제2단계 3차년도 연구주제인 "해외한인의 민족분산의 초국가적 성격"을 학문적으로 규명하는데 초점을 두고 있다.

오늘날 디아스포라는 정보통신기술의 발달과 세계화의 확산으로 국경을 자유롭게 넘나드는 초국적 행위자로 주목받고 있다. 디아스포라는 새로운 거주국사회에 안정적인 정착을 시도하면서 모국에 대한 집합적 기억을 간직하고 모국과의 연계를 유지, 강화하는 활동을 한다. 이를 통해 디아스포라는 거주국의 문화뿐 아니라 모국의 문화를 보존하고 발전시키면서 민족적 정체성을 유지하게 된다. 또한 디아스포라는 모국과 거주국을 아우르는 초국적 행위자로서 양국의 정치 · 경제 · 사회 · 문화 등 모든 부문에서 영향력을 행사할 수 있으며, 세계적 차원의 글로벌 네트워크를 구축하여 국제사회에 영향력을 미친다.

이러한 맥락에서 이 총서는 코리안 디아스포라들 중 중국조선족과 러시아 · 중앙아시아 고려인을 대상으로 그들의 새로운 이주 현상과 초국가적 삶이 거주국사회에서 어떻게 나타나고 있는지 초점을 두었다. 이러한 연구목표를 달성하기 위해 우리는 중국의 수도인 베이징지역에 거주하고 있는 조선족, 일본의 수도인 도쿄지역에 거주하고 있는 조선족, 그리고 러시아 · 중앙아시아에서 한국으로 이주, 정착한 고려인을 연구대상으로 선정하였다. 연구방법은 문헌연구를 비롯하여 면접조사를 실시했으며, 현지조사를 통해 수집한 사진, 도서 등의 자료를 활용하였다.

이 총서에서 다루고자 하는 연구내용은 크게 세 가지이다. 첫째, 중국조선족과 중앙아시아 고려인의 신 이주 현상을 살펴보았다. 중국조선족의 신 이주는 중국의 수도인 베이징과 일본의 수도인 도쿄 지역으로 이주, 정착한 사례를 중심으로 살펴보았다. 중앙아시아 고려인의 신 이주는 한국, 특히 광주와 안산 지역에 정착한 고려인의 이주 현상을 주목하였다. 둘째, 중국조선족과 중앙아시아 고려인의 정착지 적응과정, 구성원과의 사회적 교류 및 네트워크 실태를 살펴보았다. 셋째, 중국조선족과 중앙아시아 고려인이 새로운 정착지에서 형성한 공동체에서의 생활 실태를 살펴보았다.

이 총서의 주요 내용들은 연구자들이 국내의 전문학술지에 게재한 논문들과 학술회의 발표논문을 기본으로 삼아 부분적으로 보완하고, 사진자료를 삽입하였다. 이 총서에서 활용하고 있는 연구자들의 논문은 다음과 같다. 선봉규의 "초국적 공간에서 중국조선족의 커뮤니티 활동과 기능: 베이징 왕징지역을 중심으로", 『동북아문화연구』(2017); "중국조선족학교 조선족교사의 언어사용과 조선족학교의 발전 과제", 『인문사회21』(2019); "한국에서 외국인 집거지의 형성과 공간적 특성에 관한 연구: 광주광역시 고려인마을을 중심으로", 『한국동북아논총』(2017); "다문화가정 자녀의 교육 현황 및 과제: 광주광역시 거주 고려인동포 자녀를 중심으로", 『인문사회21』(2017); "한민족 디아스포라의 주류언어 사용 실태 연구: 중국조선족, 재일한인, 카자흐스탄 고려인을 중심으로", 『인문사회21』(2016) 등이다. 그리고 국내외 학술회의에서 발표한 자료는 〈2017 합동국제학술회의: 초국가시대 디아스포라 담론과 실제〉에서 "조선족의 이주와 에스닉 커뮤니티 연구: 재일조선족을 중심으로"; 〈2018 국제학술회의: 신세계질서에서의 국제이민: 문제 및 전망〉에서 "코리안 디아스포라의 귀환이주와 사회적응: 중앙아시아 고려인 사례"

등이다.

이 총서는 중국, 일본, 한국에 거주하고 있는 조선족과 고려인의 새로운 지역으로의 이주와 정착, 공동체 형성, 사회적 교류 및 네트워크, 언어사용과 교육문제 등을 통해 초국가적 성격을 살펴보고 있다는 점에서 정부의 재외동포 지원 정책 수립 및 재외동포사회와 교류활동을 활성화하는 데 기초 자료로 활용될 수 있을 것으로 기대한다. 아울러 우리 사회에 정착하여 살아가고 있는 다양한 이주민들의 문화와 정체성, 이주민 공동체를 연구하는 데 시사하는 바가 클 것으로 생각된다.

이 총서는 기본적으로 중국과 일본 등 현지에서 수집된 자료들을 토대로 하고 있기 때문에 바쁜 일상생활 속에서도 면접조사와 참여관찰을 할 수 있도록 배려해 준 동포들에게 깊은 감사를 표한다. 아울러 현지조사와 자료수집 과정에서 많은 도움을 주신 현지 협력자 및 협력기관 관계자들에게도 깊은 감사의 뜻을 전한다. 마지막으로 어려운 출판 사정에도 불구하고 이 총서가 나오는데 협력해 준 북코리아 이찬규 대표님과 편집부 여러분께도 감사의 마음을 드린다.

2021년 3월

저자 대표 선봉규

| 차 례 |

■ 총서를 펴내며 / 5
■ 서 문 / 9

I. 머리말 / 17

1. 연구배경 및 목적 ········· 19
2. 연구대상 및 방법 ········· 21
3. 책의 구성 ········· 23

II. 이론적 배경 / 25

1. 중국조선족의 이주 연구 ········· 27
2. 한국 거주 고려인 연구동향 ········· 28
3. 디아스포라와 초국적 네트워크 ········· 30

III. 중국조선족의 신 이주와 초국가적 삶 / 33

1. 중국조선족의 신 이주 ········· 35
   1) 중국의 개혁개방과 도시 이주 / 35
   2) 세계화와 글로벌 이주 / 37
2. 중국 베이징 왕징의 조선족과 초국적 공동체 ········· 39
   1) 중국의 신도시 개발정책 / 39

2) 한국인의 이주와 코리안타운 형성 / 40
3) 조선족의 이주와 정착 / 43
4) 다국적 기업 진출 / 46
5) 베이징 왕징 조선족의 커뮤니티 활동 / 47
6) 조선족 커뮤니티의 주요 기능 / 57

3. 일본 도쿄의 조선족과 커뮤니티 ······ 62
1) 조선족의 일본 이주와 특성 / 62
2) 재일조선족의 커뮤니티 조직과 활동 / 65

IV. 고려인의 신 이주와 초국가적 삶 / 77

1. 고려인의 한국 이주와 정착 ······ 79
1) 외국인 집거지의 개념과 유형 / 79
2) 외국인의 이주와 집거지 형성 / 82
3) 한국 내 고려인 현황 / 86

2. 한국 내 고려인의 공동체 ······ 88
1) 광주광역시 고려인마을의 형성 / 88
2) 광주광역시 고려인마을의 공간적 특성 / 92
3) 경기도 안산시 고려인마을의 형성 / 107

3. 한국 내 고려인의 네트워크 ······ 113
1) 광주광역시 고려인마을의 네트워크 / 113
2) 경기도 안산시 고려인마을의 네트워크 / 120

V. 코리안 디아스포라의 언어 사용과 민족교육 / 125

1. 코리안 디아스포라의 주류언어 사용 ······ 127
1) 디아스포라의 적응과 거주국의 언어 / 127
2) 코리안 디아스포라 거주국의 언어정책 / 129
3) 코리안 디아스포라의 거주국 언어 사용 실태 / 135

2. 조선족교사의 언어사용과 조선족학교 ···························· 145
1) 조선족의 이주와 사회적 변화 / 145
2) 조선족학교 조선어교사의 언어 사용 / 148
3) 조선족학교의 현실과 모국의 지원 / 154
4) 조선족학교의 발전 과제 / 157
3. 한국 내 고려인청소년의 교육 ···························· 158
1) 다문화가정 자녀의 교육권 / 158
2) 한국의 다문화교육 정책 / 161
3) 다문화가정 자녀의 교육지원과 학교생활 / 166
4) 고려인청소년의 교육 현황 및 과제 / 173

VI. 맺음말 / 183

■ 참고문헌 / 197
■ 찾아보기 / 206

표 차례

표 2.1 주요 연구자의 사회자본 개념 ··· 31
표 3.1 중국조선족의 지역별 분포 현황 및 증가율(2000~2010) ··· 36
표 3.2 쉼터의 연혁 ··· 71
표 3.3 쉼터 웹사이트의 콘텐츠 ··· 72
표 4.1 한국 체류 외국인 연도별 증감 추이 ··· 83
표 4.2 한국 내 외국인 집거지 유형 ··· 85
표 4.3 광주광역시 고려인마을의 주요 연혁 ··· 89
표 4.4 광주광역시 광산구 국적별 등록 외국인 현황 ··· 93
표 4.5 너머의 고려인동포 지원 활동 현황 ··· 110
표 4.6 광주광역시 고려인마을의 단체 현황과 활동 ··· 115
표 4.7 광주광역시 고려인마을의 협약기관 ··· 117
표 4.8 전국 고려인네트워크 구축을 위한 추진 과정 ··· 122
표 5.1 주류언어 구사 수준: 독립표본 t-검정 결과 ··· 135
표 5.2 주류언어 구사 수준: 분산분석 결과 ··· 136
표 5.3 주류언어 전달 수준: 독립표본 t-검정 결과 ··· 137
표 5.4 주류언어 전달 수준: 분산분석 결과 ··· 138
표 5.5 TV 드라마 내용 설명 수준: 독립표본 t-검정 결과 ··· 139
표 5.6 TV 드라마 내용 설명 수준: 분산분석 결과 ··· 140
표 5.7 공공기관의 행정서류 작성 수준: 독립표본 t-검정 결과 ··· 141
표 5.8 공공기관의 행정서류 작성 수준: 분산분석 결과 ··· 141
표 5.9 문자 · 메일 이용 수준: 독립표본 t-검정 결과 ··· 143
표 5.10 문자 및 메일 이용 수준: 분산분석 결과 ··· 143
표 5.11 조선어교사의 조선어 및 중국어 인식 ··· 148
표 5.12 조선어교사의 모국어 인식 ··· 149
표 5.13 자녀를 조선족학교에 보내는 이유 ··· 149
표 5.14 자녀를 한족학교에 보내는 이유 ··· 149
표 5.15 조선족학생이 조선어를 배워야 하는 이유 ··· 150
표 5.16 조선어의 발전 전망 ··· 150
표 5.17 조선어교사의 언어 사용 순위 ··· 151
표 5.18 가족과의 언어 사용 실태 ··· 152
표 5.19 일상생활에서 언어 사용 실태 ··· 153
표 5.20 중국 동북3성지역 조선족학교의 감소 원인 (1순위) ··· 154
표 5.21 조선족학교의 이중언어 교육 인식 ··· 155
표 5.22 한국의 조선족학교 지원 정책 만족도 ··· 156
표 5.23 향후 한국의 조선족학교 지원 분야 (1순위) ··· 156
표 5.24 조선족학교의 발전에 필요한 정책 (1순위) ··· 157
표 5.25 2006년도 다문화가정 자녀 교육지원 대책 ··· 163

표 5.26 2017년 다문화교육 지원 계획 ········· 165
표 5.27 학교급별 다문화가정 학생 수(2012~2015) ········· 170
표 5.28 다문화가정 학생의 유형별 특성 ········· 170
표 5.29 학교생활에 잘 적응하지 못하는 이유 ········· 172
표 5.30 다문화가정 학생 현황(2011~2016) ········· 173
표 5.31 국적별 다문화가정 학생 현황(2016) ········· 174
표 5.32 광주광역시 다문화교육 지원 정책 현황(2016) ········· 174
표 5.33 새날학교 연도별 학생 현황 ········· 177
표 5.34 새날학교 재학생의 일반학교 원적 복귀 현황 ········· 178

사진 차례

사진 3.1 중국 베이징의 한국국제학교 ········· 42
사진 3.2 중국 베이징의 왕징 한국성 ········· 43
사진 3.3 중국 베이징의 왕징 시장 내 조선족 가게 ········· 45
사진 3.4 중국 허베이성 옌자오 시장 내 조선족 가게 ········· 46
사진 3.5 북경정음우리말학교 졸업식 장면 ········· 54
사진 3.6 일본 도쿄 신오쿠보코리아타운 내 조선족 식당: 진달래 ········· 64
사진 3.7 일본 도쿄 샘물학교의 10주년 기념식 장면 ········· 69
사진 4.1 광주광역시 고려인마을 내 원룸촌 ········· 96
사진 4.2 고려인마을 가족카페 1호점 ········· 97
사진 4.3 광주 고려인마을 깔끔이 봉사단 ········· 102
사진 4.4 광주 고려인마을 어린이집 ········· 103
사진 4.5 광주 고려인마을 고려FM 라디오 방송 ········· 107
사진 4.6 광주 고려인마을의 고려인광주진료소 무료 이동진료 활동 ········· 116
사진 4.7 광주 고려인마을 추석맞이 고려인가족 한마당 축제 ········· 119

그림 차례

그림 3.1 쉼터 웹사이트 초기 화면 ········· 73
그림 3.2 온라인 쇼핑몰 - 쉼터물산 웹사이트 ········· 74
그림 3.3 쉼터 웹사이트 - 질문답변 게시판 ········· 75

I

머리말

1. 연구배경 및 목적

오늘날 정보통신기술의 발달과 지구화의 확산으로 국가 간 인구 이동이 일상화되고 보편화되는, 이른바 '이주의 시대'를 맞고 있는 세계적 흐름 속에서 민족국가의 물리적 경계를 넘는 초국적인 사회공간이 출현하고 있다. 이주자에게 초국적 사회공간은 편안하고 친숙한 공간이라기보다는 때로는 불편하고 소외를 경험하는 매우 낯선 곳이기도 한다. 즉 오랜 기간 동안 살아온 공간에서 새로운 사회로의 이동은 자신의 정체성의 기반이었던 언어와 문화, 혹은 가족, 친구, 이웃, 동료라는 친밀한 사회적 관계들을 벗어난 상태로써 '친숙하지 않은' 삶을 살아가게 된다.[1]

이러한 삶의 환경에 적응하기 위해 이주자들은 자신들이 거주하고 있는 지역이나 공간에서 공통의 문화와 의식을 공유하는 사회적 집단, 이른바 에스닉 커뮤니티를 형성하여 활동한다. 초국적 공간에서 에스닉 커뮤니티는 주류문화에 대한 적응기제로써, 이주자들이 현지사회에 적응, 정착하는데 도움이 되는 다양한 서비스를 제공하는 활동을 한다. 또한 커뮤니티 구성원 간 민족적 동질성을 확인하고, 결속력을 증가시키고, 또 다른 이주를 결정하는 중요한 역할을 수행한다. 이러한 초국적 이주에 따른 에스닉 커뮤니티의 형성은 코리안 디아스포라도 예외가 아니다.

대표적으로 중국조선족은 어느 코리안 디아스포라보다 초국적 이주를 경험하고 있는 집단이다. 전통적으로 중국조선족은 연변조선족자치주가 있는 길림성을 비롯하여 흑룡강성, 요녕성 등 동북 3성 지역의 농촌지역에 민족집거지를 형성하여 언어 및 문화 등 민족적 정체성을 유지해왔다는 특성을 가진다. 그러다가 1980년대 중국의 개혁개방과 도시화, 한·

---

1 김정선(2006), 「초국적 공동체(transnational community) 만들기, 한국남성과 결혼한 필리핀 여성들의 re-homing」, 『이화여자대학교 아시아여성학센터 학술대회자료집』, p. 134.

중 수교와 세계화 등 대내외적 환경의 변화로 동북 3성 지역에 살고 있는 조선족은 더 나은 삶을 위해 중국 내의 대도시나 연해도시, 그리고 한국 · 미국 · 일본 · 영국 등 세계 각국으로 이주하여 살아가고 있다.[2]

최근 조선족의 중국 내 대도시 이주 및 초국적 이주가 본격화되면서 이에 대한 학문적 관심이 증대되고 있다. 이러한 선행연구들은 새로운 집거지의 형성과 적응, 기존 구성원과의 사회적 관계, 초국적 이주에 따른 생애과정과 초국가적 활동 등을 중심으로 이루어지고 있다.[3]

한편, 현재 한국은 단일민족국가에서 다민족 · 다문화사회로 전환되어 가고 있다. 출입국 · 외국인정책본부에 따르면, 이주노동자, 결혼이주민, 외국국적동포(중국조선족, 고려인) 등 한국에 거주하고 있는 외국인 이주자들은 2017년 1월 현재 2,013,779명이며[4], 국내 총인구의 약 4%를 차지하고 있다. 한국사회는 그동안 단일민족주의 문화 — 동일한 민족과 문화, 언어 — 를 근간으로 공동체를 형성하여 살아왔으나, 최근에는 외국인 이

2 새로운 집거지를 형성하여 살아가고 있는 조선족들은 기존의 전통적인 농민집단에서 초국적인 시민집단으로 변화하고 있으며, 주로 도시경제활동에 종사하고 있는 것으로 나타났다. 박광성(2010), 「초국적 이동과 중국조선족의 글로벌 네트워크」, 『재외한인연구』 제21호, p. 357.

3 이상우(2015), 「초국적 이주, 중국조선족과 경계 설정」, 『한국과 국제정치』 제31권 제2호; 권태환 · 박광성(2004), 「중국조선족 대이동과 공동체의 변화: 현지조사 자료를 중심으로」, 『한국인구학』 27집 2호; 이진영(2012), 「글로벌 이주와 초국가 공동체의 형성: 영국 거주 조선족 사회의 형성과 변화」, 『한국동북아논총』 제62호; 우명숙 · 이나영(2013), 「'조선족' 기혼여성의 초국적 이주와 생애과정 변동: 시간성과 공간성의 교차 지점에서」, 『한국사회학』 제47집 5호; 권향숙(2012), 신종원 역, 『이동하는 조선족: 소수민족의 자기통치』, 성남: 한국학중앙연구원출판부; 박동훈 · 안화선(2012), 「중국조선족의 초국가적 활동과 한반도: 디아스포라의 초국가적 성격에 관한 시각을 중심으로」, 『평화학연구』 제13권 1호; 구지영(2011), 「이동하는 사람들과 국가의 길항관계: 중국조선족과 국적에 관한 고찰」, 『동북아문화연구』 제27집 등이 있음.

4 출입국 · 외국인정책본부, 「출입국 · 외국인정책 통계월보」, 2017년 1월호, 2017, p.2. 한국 체류 외국인의 연도별 현황(인구대비 %)을 간략히 보면, 1990년 49,507명(0.11%), 1995년에 269,641명(0.60%), 2000년에 491,324명(1.07%), 2005년에 747,467명(1.55%)로 점차 증가하고 있는 추세이다. 외국인을 위한 전자정부 홈페이지: http://www.hikorea.go.kr/pt/main_kr.pt(검색일: 2017.03.15.)

주자들이 정착하는 과정에서 특정공간을 중심으로 서로 다른 문화양식과 가치를 담은 집단 거주지를 형성하여 살아가고 있다. 즉, 오늘날 우리는 초국적 이주가 일상화되면서 기존의 원주민뿐만 아니라 다양한 외국인 이주자들이 함께 생활하는 다민족 · 다문화적 사회에서 살아가고 있다.

이 책에서는 중국조선족의 신 이주 현상과 함께 러시아 · 중앙아시아 고려인의 한국으로의 귀환 이주 현상, 공동체 형성, 사회적 교류 및 네트워크, 언어사용 및 교육문제 등을 통해 초국가적 성격을 살펴보는데 목적을 두고 있다. 구체적으로, 이 책에서는 중국조선족의 신 이주와 초국가적 삶을 살펴보기 위해 중국의 수도인 베이징에 이주, 정착한 조선족의 사례와 일본의 수도인 도쿄지역에 이주, 정착한 조선족 사례를 살펴보고자 한다. 또한 러시아 · 중앙아시아지역에 거주하고 있는 고려인들이 한국으로 이주하여 공동체를 형성하여 살아가고 있는 현상을 살펴보고자 한다.

2. 연구대상 및 방법

이 책에서 다루고자 하는 연구대상은 중국의 수도인 베이징의 왕징지역에 이주, 정착한 조선족과 일본의 수도인 도쿄지역에 거주하고 있는 조선족, 그리고 러시아 · 중앙아시아에서 한국으로 귀환 이주한 고려인들이다.

베이징의 왕징지역은 중국의 주류민족인 한족을 포함하여 동일민족인 한국인, 그리고 다국적 기업 등 다층적인 집단들이 교류하고 경쟁하는 초국적 공간으로써 지위를 가지고 있다. 왕징에 거주하고 있는 조선족은 기존의 전통적인 농촌집거지에서의 삶과 지위와는 뚜렷이 구별되는 새로운 공간과 낯선 환경에 적응해야 하는 상황에 놓여있다.

재일조선족은 한국에 이주한 조선족과는 달리 1980년대 유학생과 방문학자들이 일본에 진출하기 시작했으며, 최근에는 이들이 성장하면서 가족을 이루고 고향에 있는 친척과 친구들이 노동과 국제결혼 등으로 일본사회에 유입되었다. 일본에 거주하고 있는 조선족 1세대들은 한 · 중 · 일 3국의 언어와 문화를 두루 섭렵하고 있다는 특성을 가지고 있다. 아울러 재일조선족들은 일본의 외국인 통계에서 객관적으로 그 실체를 파악하는 데 어려움을 가지고 있는, 이른바 '보이지 않는 소수자'[5]라는 특성도 가지고 있다.

러시아 · 중앙아시아지역에 거주하고 있는 고려인들은 2000년대 이후부터 한국으로의 이주가 본격화되었다. 이들은 주로 경기도 안산시, 광주광역시, 인천광역시, 충남 천안시, 충청북도 청주시, 경상북도 경주시, 경상남도 김해시 등 전국의 주요 지역에 정착하여 살아가고 있다. 특히 이 책에서는 광주광역시 광산구 월곡동을 중심으로 정착하여 살아가고 있는 고려인을 대상으로 신 이주와 초국가적 삶을 살펴보고자 한다. 광주에 정착한 고려인들은 2000년대 초반부터 하남공단 등 인근 공단지역의 이주노동자로 유입되기 시작하면서 공단의 배후지역인 월곡동에 정착하였다. 특히 광주광역시는 지난 2013년 10월에 전국 지자체 중 처음으로 '고려인 주민 지원 조례'를 제정하여 고려인 주민들이 지역사회에 안정적으로 적응, 정착할 수 있도록 제도적 환경을 마련했다. 조례 제정 이후, 광산구 월곡동은 수도권 등 다른 지역에 거주하고 있는 고려인들이 대거 유입되면서 대표적인 고려인 집거지로 바뀌고 있다.

이 책에서는 초국적 생활공간으로써 특징을 갖는 중국 베이징 왕징과 일본 도쿄에서 살아가고 있는 조선족들의 이주 동기와 정착지에서 적응하기 위해 어떠한 커뮤니티를 형성해 활동하고 있는지 살펴보고, 커뮤니티

5 권향숙(2012), "조선족의 일본 이주와 에스닉 커뮤니티: 초국가화와 주변의 심화사이의 실천", 『역사문화연구』 제44집, p. 9.

활동의 주요 기능에 대해 고찰해보고자 한다. 이러한 연구목적을 달성하기 위해 연구자는 2016년 2월 26일부터 3월 4일까지 베이징 왕징과 옌자오를 방문하여 수집한 자료들을 활용하고자 한다.[6] 또한 광주광역시 광산구 월곡동 일대에 거주하고 있는 고려인들이 지역사회에 정착, 적응하는 과정에서 형성한 고려인마을의 공간적 특성이 어떠한지 살펴보고자 한다. 이를 통해 고려인마을에 거주하고 있는 고려인들이 지역사회에서 어떻게 적응하고, 어떠한 삶의 조건을 마주하고 있는지를 이해하고자 한다.[7]

3. 책의 구성

이 책은 중국 베이징 및 일본 도쿄에 거주하고 있는 조선족, 한국에 거주하고 있는 고려인의 신 이주 현상과 초국가적 삶을 특성을 살펴보는 데 있다. 이 책은 총 다섯 개의 장으로 구성되어 있다.

제1장 머리말에서는 이 책의 연구배경과 목적, 연구대상 및 연구방법에 대해 상세히 기술하였다.

제2장 이론적 배경에서는 중국조선족과 고려인에 대한 선행연구들을 간략히 살펴보았다.

제3장에서는 중국의 베이징과 일본의 도쿄지역에 거주하고 있는 조선족의 신 이주 현상, 커뮤니티, 초국가적 삶 등을 중심으로 서술하였다.

---

6 인터뷰조사는 베이징 왕징과 옌자오에 거주하고 있는 조선족과 한국인을 대상으로 실시했다. 인터뷰 참여자는 박○○(조선족, 유학생교류담당자, 남성), 정○○(조선족, 여성), 최○○(조선족, 자영업, 여성), 천○○(한국인, 기업가, 남성), 이○○(한국인, 기업가, 남성), 김○○(한국인, 한인회, 남성), 장○○(한국인, 자영업, 여성), 고○○(한족, 여성) 등이다.

7 이러한 연구목적을 달성하기 위해, 연구자는 2016년 12월 10일~11일, 2017년 3월 15일, 3월 31일, 4월 22일 등 네 차례에 걸쳐 고려인마을을 방문하여 현지관찰 및 인터뷰조사를 실시했다. 인터뷰조사는 사단법인 고려인마을 관계자와 이 지역에 거주하고 있는 조선족, 북한이탈주민 등을 대상으로 실시했다.

제4장에서는 한국, 특히 광주광역시에 이주, 정착한 고려인의 신 이주 현상과 공동체 형성, 초국가적 삶 등을 중심으로 서술하였다.

제5장에서는 코리안 디아스포라의 주류언어 사용 실태에 대해 살펴보고, 조선족과 고려인의 한국어 교육(민족교육) 실태 및 과제를 중심으로 서술하였다.

제6장 맺음말에서는 중국의 베이징과 일본의 도쿄지역에 거주하고 있는 조선족, 한국에 거주하고 있는 고려인의 신 이주와 공동체, 초국가적 삶 등을 비교하여 서술하였다. 아울러 이 연구의 한계와 함께 향후 연구과제에 대해 간략히 제시하였다.

II

이론적 배경

1. 중국조선족의 이주 연구

오늘날 정보통신기술의 발달과 지구화의 확산으로 국가 간 인구 이동이 일상화되고 보편화되는, 이른바 '이주의 일상화'라는 세계적 흐름 속에서 중국조선족도 예외가 아니다. 중국조선족은 코리안 디아스포라 중에서 초국적 이주를 경험하고 있는 대표적인 집단이다. 전통적으로 중국조선족은 연변조선족자치주가 있는 길림성을 비롯하여 흑룡강성, 요녕성 등 동북 3성 지역의 농촌지역에 민족집거지를 형성하여 언어 및 문화 등 고유한 민족적 정체성을 유지해왔다. 그러다가 1980년대 중국의 개혁개방과 도시화, 한 · 중 수교와 세계화 등 대내외적 환경의 변화로 동북 3성 지역에 살고 있는 조선족은 더 나은 삶을 위해 중국 내의 대도시지역과 한국 · 미국 · 일본 · 영국 등 세계 각국으로 이주하여 살아가고 있다.[1] 이와 같이 세계 각 지역에 거주하고 있는 조선족들은 '신조선족', '재한조선족', '재일조선족', '재미조선족', '동아시아조선족', '동북아인' 등 다차원적으로 위치지어지고 있다.

중국의 베이징 왕징지역에 대한 연구는 주로 왕징 코리아타운의 형성과 변화 양상, 왕징 코리아타운 내 구성원간의 사회관계 등을 중심으로 이루어지고 있다.[2] 선행연구에서 보듯, 베이징 왕징지역에서 조선족이 안정

1 새로운 집거지를 형성하여 살아가고 있는 조선족들은 기존의 전통적인 농민집단에서 초국적인 시민집단으로 변화하고 있으며, 주로 도시경제활동에 종사하고 있는 것으로 나타났다. 박광성(2010), "초국적 이동과 중국조선족의 글로벌 네트워크", 『재외한인연구』 제21호, p. 357.

2 윤인진 · 이윤경(2013), 「왕징 코리아타운내 조선족과 한국인 간의 상호인식과 사회관계: 다자적 동족집단모델의 도입」, 『한국학연구』 제47집; 이윤경 · 윤인진(2015), 「중국 내 한인의 초국가적 이주와 종족공동체의 형성 및 변화: 베이징 왕징 코리아타운 사례 연구」, 『중국학논총』 제47집; 정종호(2013), 「왕징모델: 베이징 왕징 코리아타운의 형성과 분화」, 『중국학연구』 제65집; 예동근(2012), 「조선족의 도시 이주 적응과 다민족관계」, 『디아스포라연구』 제6권 1호 등이 있음.

적으로 적응, 정착하기 위해 형성한 에스닉 커뮤니티의 활동에 관한 연구는 초보적 단계에 있다.[3] 다시 말해, 베이징 왕징은 코리아타운으로써 한국인과 한국기업의 활동에 관한 연구에 집중되어 있는 반면, 코리아타운 내부의 구성원 중 소수자적 위치에 있는 조선족의 커뮤니티 활동에 대해서는 관심을 가지지 못했다고 할 수 있다.

조선족의 일본이주 30여 년이 지나면서 일본에 정착한 조선족에 대한 연구가 학문적으로 조금씩 축적되고 있다. 이러한 선행연구들은 조선족의 일본 이주 현상에 대한 분석이 주를 이루고 있다.[4] 일본에 정착한 조선족은 기존의 전통적인 농촌집거지에서의 삶과 뚜렷이 구별되는 새로운 거주지에서 기존 구성원과 새로운 사회관계를 형성하여 적응해야 하는 상황에 있다. 최근에는 조선족의 정체성 문제를 포함하여 조선족 2세대들이 등장하면서 이들의 민족교육에 관한 문제가 주요 현안이 되고 있다.

2. 한국 거주 고려인 연구동향

독립국가연합(CIS)지역 고려인들의 한국 이주는 1991년 소련 해체 이후 시작되었지만, 2007년 방문취업제 도입 이후 본격화되었다. 한국 학계에서 국내 거주 고려인들에 대한 연구들은 주로 2000년대 후반부터 시작되었다. 국내 거주 고려인들에 관한 연구들은 주로 두 지역을 중심으로 이

3 예동근(2010), 「종족성의 자원화와 도시 에스닉 커뮤니티의 재구성: 북경 왕징 코리아타운 조선족결사체를 중심으로」, 『동북아문화연구』 제25집.

4 권향숙(2011), "일본사회와 중국조선족: 디아스포라 연구를 위한 몇 가지 기초적인 분석", 『미드리』 제7권; 권향숙(2011), "조선족의 도일과정에 나타나는 문화자본의 영향", 『제6권』; 카사이 노부유치(2011), "재일조선족의 이주와 조선족네트워크의 상대화", 『미드리』 제7권; 권향숙(2012), "조선족의 일본 이주와 에스닉 커뮤니티: 초국가화와 주변의 심화사이의 실천", 『역사문화연구』 제44집; 권향숙(2012), "조선족의 일본 이주에 관한 시론: 외국인 수용을 둘러싼 국가와 기업", 『일본비평』 8호 등이 있다.

루어지고 있으며, 이 지역들은 경기도 안산시와 광주광역시이다. 현재까지 이루어진 선행연구 현황을 살펴보면 다음과 같다.

첫째, 국내 거주 고려인들의 이주 동기, 집거지 혹은 공간 형성에 중심을 둔 연구들이다(이영심 · 최정신, 2008; 김나경, 2013; 김재기, 2014; 김경학, 2014; 윤인진 · 김희상, 2016; 임영상 · 정막래, 2016; 곽동근 · 임영상, 2017; 선봉규, 2017; 홍숙영, 2017). 이 연구들은 주로 경기도 안산시와 광주광역시 광산구에 있는 고려인마을에 초점을 맞추고 있으며, 고려인마을의 공간적 특성, 형성 배경, 거주 및 생활환경과 이들을 위한 한국 정부의 정책 등을 논의하고 있다. 고려인의 이주 동기로는 주로 경제적 이유를 강조하고 있으며, 집거지는 주로 공단 주변에 위치하고 있고, 공간 형성으로는 경제적 및 생태학적 요인들을 들고 있다.

둘째, 국내 거주 고려인들의 한국 사회 적응이라는 큰 틀 하에서 생활문화, 공동체 형성, 한국인과의 관계 등의 문제들에 초점을 둔 연구들이다(고광신 · 김형태, 2011; 신현준, 2012; 김영술 · 홍인화, 2013; 김경학, 2015; 이은정, 2014; 박민철, 2014; 정진아, 2014; 이종우, 2017). 이 연구들에 의하면, 고려인들은 민족어를 거의 상실하였기 때문에 자체 시설이나 NGO, 사회복지시설 등의 지원을 받아 한국어를 재습득하고 있다. 선행연구들은 한국 이주 이후 구직 경쟁, 고려인 간의 관계, 지역주민인 한국인과의 관계, 한국 문화로의 동화 등의 문제들을 살펴보고 있다.

셋째, 국내 거주 고려인 자녀를 중심으로 그들의 정착 과정, 이주경험, 교육, 정체성에 기반을 둔 연구들이다(김혜진, 2016; 남혜경 · 이미정, 2016, 김경학 · Miranda De Dios Ines, 2017; 선봉규, 2017). 이 연구들은 가족에 의해 한국으로 이주한 이후 이민생활을 하고 있는 고려인 자녀들의 목소리, 자녀들의 관점에서 본 고려인 이주과정, 이민생활, 새로운 문화 체험, 한국 문화 교육 등의 문제들에 집중하고 있다. 아울러 고려인자녀의 문제를 해결하기 위한 한국 정부의 교육 프로그램들의 활용성과 문제점들에 대해서도 살펴보고 있다.

이와 같이 국내 귀환 고려인에 관한 선행연구는 고려인의 한국 정착과 공동체 형성, 한국사회 적응과 자녀 교육 등 다양한 주제로 진행되고 있다. 특히 이 연구의 대상인 광주광역시 고려인마을에 대한 연구는 고려인의 이주 및 정착과정, 고려인마을의 형성, 고려인의 가족유형, 고려인의 문화생활 등을 다루고 있다.[5]

3. 디아스포라와 초국적 네트워크

디아스포라는 새로운 정착지에 적응, 정착하는 과정에서 다양한 사회적 교류 및 관계를 형성한다. 낯선 문화와 환경에서 디아스포라들은 일상생활이나 직장생활에서 많은 문제에 직면한다. 디아스포라들은 이러한 문제들을 해결하기 위해 이미 자리잡고 있는 가족이나 친척, 동료들로부터 정보를 수집하게 되고 이들과 다양한 사회적 관계를 통해 네트워크를 구축하게 된다. 이러한 네트워크는 사회자본의 한 구성요소로써, 디아스포라 간 우의와 사교의 장이면서 정서적, 도구적, 정보유통의 사회적 지원이 일어나는 곳이라 할 수 있다.[6]

디아스포라가 거주국사회에 안정적으로 적응 · 정착하고, 나아가 사회의 구성원으로 자리매김 하기까지에는 사회자본이 중요한 영향을 미친

---

5 김경학, "중앙아시아 고려인의 한국이주와 정착: 광주 "고려인마을"을 중심으로", 『국제지역연구』, 제17권 제2호, 2014; 김경학, "우즈베키스탄 고려인의 한국 이주와 가족유형의 성격: 광주광역시 고려인 사례를 중심으로", 『디아스포라연구』, 제7권 제2호, 2015; 김재기, "광주광역시 광산구 지역 귀환 고려인의 이주배경과 특성", 『재외한인연구』, 제32호, 2014; 김영술 · 홍인화, "중앙아시아 고려인의 광주지역 이주와 문화변용에 관한 연구", 『디아스포라연구』, 제7권 제1호, 2013 등이 있다.

6 윤광일(2016), 『이민자 네트워크 해외 사례 및 국내 적용 방안 연구』, 2016 법무부 연구용역 보고서, p. 9.

다. 사회자본은 개인에게 내재되어 있는 것이 아니라 다른 사람과의 관계, 즉 사회적 관계 속에서 형성되는 것이다.[7] 이러한 사회자본의 구성요소는 학자들마다 다른 견해를 보이고 있지만, 일반적으로 네트워크, 규범과 가치, 신뢰 등으로 구분해 볼 수 있다.[8] 특히 네트워크는 개인이나 집단 등 행위자들 간의 전체적인 연계형태를 의미하며, 누가 누구에서 어떻게 접근하는가에 관한 관계구조를 의미한다. 따라서 네트워크가 어떠한 형태를 가지고 있느냐에 따라 사회구조나 개인의 행동에 영향을 미친다.

표 2.1 주요 연구자의 사회자본 개념

연구자	사회자본 개념
부르디에 (Bourdieu)	사회자본이란 지속적인 네트워크 혹은 상호 면식이나 인정이 제도화된 관계
콜만(Coleman)	사회자본은 사회구성원이 가용할 수 있는 특수한 종류의 자원
포르테스(Portes)	사회자본의 중핵은 네트워크
퍼트남(Putnam)	사회자본은 사회적 참여에 의해 형성
린(Lin)	사회자본은 시장에서의 이익을 기대하고, 사회적 관계에 투자되는 것

출처: 장시준(2006), pp.2-3

네트워크는 직업, 가족, 문화, 정서적인 유대와 연계된 사람들의 집단들간의 반복적인 결사의 집합이라 할 수 있으며, 자본과 정보와 같은 희소자원을 획득할 수 있는 원천이다. 이러한 네트워크는 결속형과 교량형으로 구분하여 살펴볼 수 있다.[9] 결속형 네트워크(bonding network)는 상대적으

---

7 Portes, A(1995), *The economic sociology of immrgration: essays on network, ethnicity, and entrepreneurship*, New York: Russell Sage Foundation, p. 13.

8 사회자본에 대한 논의는 대표적으로 부르디에(Bourdieu), 콜만(Coleman), 포르테스(Portes), 퍼트남(Putnam), 린(Lin) 등이 있다. 장시준(2006), 『사회자본의 개념과 교육적 시사점』 한국교육학술정보원, p. 8.

9 윤광일(2016), 『이민자 네트워크 해외 사례 및 국내 적용 방안 연구』, 2016 법무부 연구용역 보고서, pp. 9-11. 재인용

로 내집단의 결속력을 강화시키며 본질적으로 배타적이며, 내부적으로 위계적이고 수직적인 특성을 갖는다. 결속형 네트워크는 네트워크 내 구성원의 충성심과 동질성을 강화시켜 자신들의 특수한 이익을 획득하는데 긍정적으로 작용한다. 또한 결속형 네트워크는 정서적 친밀감과 사회적 지원, 위기 시에 도움을 제공하는 역할을 하는 개인 및 조직들간의 강한 연대로 볼 수 있다.[10] 교량형 네트워크(bridging network)는 자신과는 다른 집단 사람들과의 네트워크를 통해 보다 다양한 자원을 획득하여 정보의 흐름을 넓히고, 보다 넓은 신뢰를 확보할 수 있다. 교량형 네트워크는 개방성과 외부지향성을 갖기 때문에 다른 집단들과 더 큰 공동체와 연대하여 사회에 존재하는 상이한 태도와 견해를 포용하는 경향이 강하다.[11] 교량형 네트워크는 정서적 혹은 물질적 지원을 해주는 데에 한계를 가지고 있지만,[12] 다양한 배경을 가진 사람들간의 포괄적인 연대를 증진하고, 개인이나 집단이 내부에만 집중하는 것을 방지하는 역할을 한다.[13]

이와 같이 사회네트워크는 디아스포라가 이주를 결정하는데 있어서 중요한 정보를 제공하고, 거주국사회에 정착하기 위해 필요한 정서적 · 물질적 차원의 지원을 하고, 거주국의 특정 지역을 기반으로 공동체를 형성하는데 중요한 기제가 된다.[14]

---

10 Babaei, Hamidreza, Nobaya Ahmad and Sarjit S. Gill. Bonding, "Bridging and Linking Social Capital and Empowerment among Squatter Settlements in Tehran, Iran", *World Applied Sciences Journal*, vol.17, no.1(2012), pp. 120-121; 골람 하피스, 신지원(2018), "한국 내 방글라데시 이주민의 사회적 네트워크에 관한 연구", 미발행 논문에서 재인용

11 그라노베터(Granovettet)는 사회네트워크를 강한 연대(strong ties)와 약한 연대(weak ties)로 구분하여 살펴보고 있다.

12 Putnam, Robert(2007), "E pluribus unum: Diversity and community in the twenty-first century the 2006 Johan Skytte Prize Lecture", *Scandinavian political studies*, vol.30, no.2; 골람 하피스, 신지원(2018) 재인용

13 Paxton, Pamela(2002), "Social Capital and Democracy: An Interdependent Relationship", *American sociological review*, vol.67, no.2, pp. 254-277; 골람 하피스, 신지원(2018) 재인용

14 윤광일(2016), p. 14.

III

중국 조선족의 신 이주와 초국가적 삶

1. 중국조선족의 신 이주

1) 중국의 개혁개방과 도시 이주

1952년 9월 연변조선족자치구의 성립 이래 연변 지역은 조선족의 최대 집거지로써 조선족의 언어, 문화, 교육의 산실 역할을 담당했다. 그러다가 1980년대 중국의 개혁개방 이후 급속한 자본주의화, 공업화, 도시화가 진행되었고, 1992년 한국과 중국간의 정식 외교관계가 수립되면서 중국의 연해 및 내륙의 대도시로 이주하거나 모국인 한국, 미국, 일본, 유럽 등으로 이동하여 삶의 공간을 확장하고 있다.[1] 이렇듯 중국조선족은 이주의 일상화 및 지구화를 경험하고 있다.[2]

1980년대 중국사회는 개혁개방이 진행되면서 급속한 경제발전을 이루었고, 이 과정에서 연안 지역을 중심으로 대도시화가 진행되었다. 이러한 중국 내부의 사회변화와 함께 1992년 한국과 중국이 수교를 이룸으로써 한국의 기업들이 중국의 대도시나 연안 도시지역으로 진출하기 시작하면서 조선족의 대이동이 이루어졌다. 특히 이 시기는 중국의 개혁개방 정책과 함께 이주의 통제가 약화되면서 동북 3성 지역의 전통적인 집거지에서 살고 있는 조선족들이 도시로의 이동이 본격화되기 시작했다.[3] 다음 〈표 3.1〉은 중국조선족의 중국 내 지역별 분포의 특성을 잘 보여주고 있다. 조선족의 전통적 집거지가 형성되어 있는 길림성, 흑룡강성, 요녕성의 경우는 인구가 감소하고 있는 것을 볼 수 있으며, 베이징, 텐진, 옌타이, 웨이하이, 칭다오, 상하이, 광저우 등 대도시 및 연해도시가 있는 지역은 급

1 임채완 · 선봉규 외(2013), 『코리안 디아스포라: 이주루트와 기억』, 성남: 북코리아, p. 65.

2 선봉규(2016), 「중국 연변조선족의 한국 연계 활동과 정체성에 관한 연구」, 『한국동북아논총』 제21집 제1호, p. 54.

3 프레드 벅스텐 · 최인범(2003), 『코리안 디아스포라와 세계경제』, 국제경제연구소, p. 147.

속도로 증가하고 있음을 알 수 있다.

표 3.1 중국조선족의 지역별 분포 현황 및 증가율(2000~2010)

지역	2000	2010	증가율	지역	2000	2010	증가율
길림	1,145,688	1,040,167	-9.2	광서	2,008	2,701	34.5
흑룡강	388,458	327,806	-15.6	산서	1,813	663	-63.4
요녕	241,052	239,537	-0.6	복건	1,785	2,157	20.8
산동	27,795	61,556	121.5	절강	1,767	6,496	267.6
내몽고	21,859	18,464	-15.5	강서	1,703	543	-68.1
북경	20,369	37,380	83.5	운남	1,693	1,343	-20.7
하북	11,783	11,296	-4.1	섬서	1,620	1,129	-30.3
천진	11,041	18,247	65.3	감숙	1,565	559	-64.3
광동	10,463	17,615	68.4	신강	1,463	1,128	-22.9
상해	5,120	22,257	334.7	귀주	1,192	664	-44.3
강소	5,048	9,525	88.7	충칭	1,044	637	-39.0
하남	4,312	1,457	-66.2	해남	786	973	23.8
사천	3,137	1,548	-50.7	녕하	472	403	-14.6
호북	2,949	1,960	-33.5	청해	453	312	-31.1
호남	2,693	1,180	-56.2	서장	51	26	-49.0
안휘	2,660	1,200	-54.9	전국	1,928,842	1,830,929	-4.8

출처: 최재헌 · 김숙진(2016), p.175.

중국의 연안 지역 도시나 베이징에 정착한 조선족들은 주로 해당 지역에 진출한 한국기업에서 통역업무를 담당하거나 한국인이 운영하는 공장의 노무직원, 사무관리직원으로 일하게 되었다. 또는 한국 대기업의 주재원 가정에서 가정 도우미 일을 하면서 살게 되었다. 이처럼 중국조선족들은 한국기업의 중국 진출 경로를 따라 이동하여 정착하였다. 이러한 이주 결과, 조선족들은 한국인들이 집중 거주하고 있는 지역을 중심으로 집거지를 형성하여 살아가고 있다. 대표적인 조선족 신집거지로는 베이징의 왕징, 상하이 민항구 홍차오진, 칭다오 청양구 등이 있다.

2) 세계화와 글로벌 이주

오늘날 중국조선족의 해외 이주는 무엇보다 더 나은 삶을 위해 적극적, 자발적으로 가족의 이산을 감수하면서 이루어지고 있다는 점이 특징적이다. 또한 조선족의 글로벌 이주는 대부분 한국에 집중되고 있다는 것이다.

조선족의 한국 이주는 1992년 한·중 수교가 이루어지면서 시작되었다. 그리고 1999년 재외동포법의 제정에 따른 중국조선족과 CIS 지역 고려인들의 반발로 2007년 방문취업제가 도입되면서 조선족의 대이동이 본격화되었다. 재외동포법은 실질적인 적용과정에서 재미동포나 재일동포에 비해 중국조선족과 CIS 지역 고려인에 대한 차별이 드러나는 한계를 보였다. 이러한 법적 문제로 인해 한국정부는 중국 및 CIS 지역 거주 동포들에 대한 입국문호 및 취업기회를 확대하기 위해 2007년에 방문취업제[4]를 도입하였다.

한국정부의 방문취업제 시행은 중국조선족의 한국으로의 유입을 촉발했다. 2015년 7월 현재 한국에 체류하고 있는 조선족은 694,256명이다. 이중 남자는 343,520명(49.5%), 여자는 350,736명(50.5%), 한국 국적 미취득자는 581,098명으로 83.7%이며, 국적 취득자는 73,998명(혼인귀화

4 방문취업제의 주요 내용은 첫째, 만 25세 이상의 중국 및 구소련 지역 등 거주동포들에 대해 5년 유효, 1회 최장 3년 체류할 수 있는 복수사증을 발급한다. 둘째, 국내에 호적이나 친척이 없는 무연고동포들에게 입국문호를 확대한다. 셋째, 방문취업(H-2)사증으로 입국한 동포들은 노동부 취업교육을 마치고 구직신청 후 고용지원센터의 취업알선을 받거나 특례고용가능확인서를 발급받은 사업체에 자율적으로 취업할 수 있으며, 신고만으로 사업체를 변경할 수 있도록 한다. 출입국·외국인정책본부: http://www.immigration.go.kr/HP/IMM/primage/oversea_korean.PDF(검색일: 2017.6.15.)

자 34,678명, 기타귀화자 39,320명)으로 10.7%, 자녀는 총 39,160명(5.6%)이다.[5] 국내체류 조선족의 지역별 거주 현황을 보면, 경기도에 269,078명(38.7%)로 가장 많이 거주하고 있으며, 서울특별시에 262,545명(37.8%), 인천광역시에 32,780명(4.7%)로 전체의 81.2%가 수도권에 집중 거주하고 있다. 그 이외에 충청남도에 27,020명, 충청북도에 13,748명, 경상남도에 10,238명, 경상북도에 11,777명, 울산광역시에 14,592명이 거주하고 있다. 조선족의 대표적인 집거지는 서울시 구로구의 가리봉동과 영등포구의 대림동 일대이다.

조선족은 한국이외에 미국과 일본, 영국[6] 등 해외 주요 국가에 이주하여 코리아타운을 중심으로 자신들의 집거지를 형성하여 살고 있다. 미국에 정착한 조선족들은 초기에는 유학생 등 소수의 사람들이었으나 점차 노동이주의 성격을 띠면서 증가하기 시작하여 완전하지는 않지만 약 7만여 명이 살고 있다. 그중 약 5만여 명은 뉴욕, 뉴저지 등에 집중 거주하고 있으며, 특히 코리아타운과 차이나타운이 공존하는 뉴욕의 플러싱은 '미국의 연변거리'라 할 만큼 대표적인 조선족 집거지이다. 일본에 거주하고 있는 조선족은 1980년대 방문학자와 유학생들이 중심이 되어 이주, 정착하기 시작했다. 초기에는 도쿄를 비롯한 간토지방을 중심으로 정착하다가 최근에는 오사카 등 간사이 지방까지 확장되었으며, 약 10만 여 명에 이르고 있다. 재일조선족사회의 특징은 법률계, 의료계, 학술계, 경제계, 방송계 등 각 분야 전문가와 기업인들이 다수를 차지하고 있으며, 현지 태생의 차세대 조선족들이 등장하고 있다.[7]

이와 같이 해외에 거주하고 있는 조선족들은 언어장벽과 문화장벽을

---

5 선봉규(2016), p. 58.

6 영국에 거주하고 있는 조선족은 런던 뉴몰든 코리아타운에서 한국인들과 함께 살고 있다.

7 권향숙(2012), 「조선족의 일본 이주와 에스닉 커뮤니티: 초국가화와 주변의 심화 사이의 실천」, 『역사문화연구』 제44집, p. 6.

일정정도 해소할 수 있는, 이른바 먼저 진출하여 자리잡고 있는 코리안타운에 정착하여 살아가고 있다. 특히 일부지역의 코리안타운에는 한국인과 조선족이외에 북한이탈주민들도 함께 거주하고 있어 초국적인 한민족타운을 형성하여 복합적이고 다중적인 관계를 통해 거주국사회에 적응해가고 있다.

2. 중국 베이징 왕징의 조선족과 초국적 공동체

1) 중국의 신도시 개발정책

왕징은 베이징시 차오양구의 동북부에 위치하고 있는 왕징가도 및 그 주변 관할 지역을 말한다. 왕징 지역은 북쪽으로는 베이징시 외곽순환도로인 5환로, 남쪽으로는 4환로와 인접하고 있고, 동쪽으로는 수도국제공항으로 연결된 고속도로, 서쪽으로는 경승고속도로로 이어져 있는 등 교통의 요충지라 할 수 있다. 왕징 지역의 행정조직인 왕징가도판사처는 2000년 6월에 설립되었으며, 2010년 현재 등록된 인구는 약 23만 명이다.[8]

베이징의 왕징 지역은 1970년대까지만 해도 래광영촌(來廣營村)에 속한 농촌지역이었다. 이후 1980년대 초반까지도 중국 사회과학원 연구생원, 북경 청년정치학원, 북경 중의학원 등 소수의 학원구역 외에는 대부분 농지로 이루어졌고, 주거지는 농민들이 사는 허술한 단층집이 대부분이었다. 왕징 지역 중 처음으로 개발된 곳은 화가지(花家地)였으며, 화가지는 주로 산초(花椒) 재배지로 활용되었던 농지지역이었다.[9]

8 望京街道办事处(2010),「望京印象: 十年望京路」,『一座國際城』, p.11; 정종호(2013), 왕징 모델: 베이징 왕징 코리아타운의 형성과 분화」,『중국학연구』 제65집, p. 438. 재인용

9 예동근(2012),「조선족의 도시 이주적응과 다민족 관계」,『디아스포라연구』 제6권 1호, pp.

왕징 지역이 본격적으로 개발되기 시작한 것은 1993년 베이징시정부의 '아시아 제일의 거주지역' 건설계획이 발표되면서 부터이다. 이후 베이징도시건설개발그룹총회사는 1993년에 거대 주택단지로 개발하기 시작했으며, 1996년 왕징 뉴타운 아파트가 완공되었다.[10] 왕징 뉴타운 아파트는 1997년에 본격적으로 입주하기 시작했으며, 주로 중산층들이 거주하는 공간으로 변모하였다. 주택단지 개발 붐으로 신도시로 급부상한 왕징 지역은 베이징 호구를 가진 한족과 타 지역에서 유입된 한족이 거주하게 되었다. 특히 외부지역에서 유입된 한족들은 주로 서비스업종 — 발마사지점, 음식점, 슈퍼 등 — 에 종사하였다.[11]

최근 왕징의 개발정책은 다왕징과학기술비즈니스창신구역이라는 이름으로 첨단오피스타운을 건설하기 위해 개발되고 있다. 이 정책은 2011년에 개발계획이 확정되었으며, 다왕징 지역을 첨단오피스타운으로 개발하는 것이다. 이러한 개발정책으로 인해 왕징의 랜드마크인 왕징소호가 들어섰으며, 모토로라, 벤츠, 애질런트, 캐터필라, 마이크로소프트, 소니에릭슨 등 다국적 기업들의 중국본사 및 아시아본사가 입주하는 등 아시아 최대의 국제비즈니스 타운으로 변모하고 있다.[12]

2) 한국인의 이주와 코리아타운 형성

베이징의 왕징은 대표적으로 코리아타운으로 상징되며, 중국 내 다양한 민족은 물론 세계 각국의 다양한 구성원이 모여살고 있는 국제화된 공간이다. 물론 그 중에서도 가장 중요한 왕징의 인구집단은 한족, 조선족,

---

47-48.

10 정종호(2013), p. 439.

11 예동근(2012), p. 48.

12 아주경제, 2014.06.01.

그리고 한국인이다.[13]

1992년 한 · 중 수교 이후 베이징은 중국 진출 한국인과 한국기업의 주요 목적지 중 하나였다. 이에 따라 베이징에 한인들의 집거지역이 형성되는데, 이곳이 바로 왕징이다. 왕징 지역에 한국인들이 유입되기 시작한 때는 1997년 왕징 뉴타운 아파트에 주재원, 기업인, 유학생, 자영업자 등이 입주하면서부터이다. 당시 한국인들이 왕징 지역에 거주하는 데에는 두 가지 중요한 요인이 있었다. 먼저, 왕징 지역은 신흥 중산층 거주지역으로 개발되면서 상대적으로 현대화된 주거시설을 확보하게 되어 고층 아파트 생활에 익숙한 한국인들이 선호하게 되었다. 둘째, 왕징의 뉴타운 아파트는 외국인 거주 허가지역 아파트의 임대료보다 상대적으로 저렴했다는 점이다.[14]

왕징이 코리아타운으로 성장하기 이전에 한국인 주재원이나 기업인들은 주로 베이징 최고의 중산층 밀집지역인 야윈춘의 아파트에 집단으로 거주하고 있었다. 그러나 1997년 IMF 금융위기로 한국인들은 본국으로 돌아가야 했고, 중국에 남은 한국인들은 비용을 최소화하면서 살아야 했다. 그러던 차에 왕징에 저렴한 가격에 신규 아파트들이 건설되기 시작했고, 야윈춘의 한국인들은 저렴하면서도 깨끗한 왕징으로 이동했다. 이어서 한국식당과 한국상점, 한국학교, 한국교회들이 왕징을 중심으로 자리 잡았으며, 한국이 IMF 위기를 조기에 극복하면서 다시 기업인들이 베이징에 진출하여 왕징을 주거지역으로 선택했다.[15]

왕징 지역에 거주하고 있는 한국인은 다양하게 구성되어 있다. 왕징은 중국의 다른 여타 한국인 집중 거주지역과도 구분되는 차이점을 보이

13 中國社會科學院(2008), 『社区建设中国际, 民族因素的影响及对策: 多国籍, 多民族的北京市望京社区研究』, p.15; 백권호 외(2010), p. 22.

14 정종호(2013), p. 440.

15 아주경제, 2014.06.01.

고 있다. 즉 중소기업과 개인자영업자 중심의 진출이 가장 두드러진 칭다오의 한국인 집중거주 지역이나, 역사적으로 조선족이 먼저 이주하여 집단적으로 주거지역을 형성하고 있던 지역에 1990년대 이후 한국의 중소기업이 진출하면서 코리아타운이 형성된 선양의 서탑과는 달리, 왕징은 주재원 및 주재원의 가족, 기업가, 자영업자, 유학생, 전문직, 미등록 한인 등으로 다양하게 이루어져 있다.[16]

왕징 지역의 한국인은 2007년까지 지속적인 증가추세를 보였다. 그러나 2008년부터 시작된 글로벌 금융위기의 여파로 인해 위안화 가치가 상승하면서 다수가 왕징 지역을 떠나 베이징의 주선교, 작약거, 래엄영과 인근 지역의 연교[17] 등 월세가 저렴한 지역으로 이주하거나 한국으로 귀국하면서 한국인의 수가 줄어들고 있다. 반면, 왕징 코리아타운은 삼성, 현

사진 3.1 중국 베이징의 한국국제학교

16 백권호 외(2010), 『재중 한인사회 연구: '코리안타운'을 중심으로』 경제 · 인문사회연구회, p. 21. 왕징코리아타운의 한국인 구성 현황은 정종호(2013)를 참조할 것.

17 하북성 삼하시의 연교는 베이징시 동쪽 외곽에 위치한 곳으로, 천안문까지 30㎞^{2}, 공항까지 25㎞^{2} 떨어진 곳으로 베이징의 대표적인 베드타운이다. 연교는 왕징보다 상대적으로 저

사진 3.2 중국 베이징의 왕징 한국성

대, 포스코 등 대기업과 KOTRA · 한국수출입은행 · 한국무역보험공사 등 주요 정부투자기관들이 입주해 있어 한국 기업의 중국 진출 거점 역할을 담당하고 있다.

3) 조선족의 이주와 정착

조선족은 2000년 이후 한국인들이 왕징으로 본격 유입되고 코리아타운이 형성되면서 본격적으로 이주, 정착하게 되었다. 베이징 왕징에 정착한 조선족들은 초기에는 대부분 한국의 기업이나 공장의 노동자, 통번역사로 취직하거나 한국인을 대상으로 한 음식점, 민박, 부동산 중개업, 여행가이드, 가사 도우미, 한국 식품가게 등에 종사하였다. 특히 조선족 가사

렴한 집값으로 한국인, 조선족들이 본격적으로 이동하고 있는 지역이다. 특히 조선족은 약 5만여 명이 정착하고 있을 정도로 새로운 집거지역으로 부상하고 있다. 연교조선족의 대표적 단체인 경동조선족경제문화교류협회에는 제조업, 음식업, 대외무역, 문체활동, 부동산개발, 세무와 법률, 여성 등 8개 분회 200여명의 회원들이 활동하고 있다. 『길림신문』, 2015.10.12.

도우미의 출현은 왕징의 한국인 이주로 인해 베이징에서 보편화되었다. 이처럼 초기에 왕징으로 입주한 조선족들은 대부분 임시 유동인구였으나, 이후 이들 중 일부가 왕징 지역에 세를 들어 살거나 주택을 구매하면서 본격적으로 정착하였다.[18]

조선족의 대부분은 주로 임대료가 지극히 저렴한 남호동원 및 남호중원 등에 집단적으로 거주하고 있다. 심지어 생활환경이 가장 열악한 왕징 서원3구나 서원4구의 지하방에 거주하기도 하는데, 이들 지역은 왕징의 한국인 거주지역과는 분리되어 있다. 그러나 중국 내에 일정한 수입원이 없는 한국인 및 경제위기로 인해 어려움을 겪고 있는 상당수의 한국인들이 비교적 임대료가 저렴한 이들 지역으로 이동하면서 최근에는 이들 지역에서도 한국인과 조선족의 일상생활에서의 접촉 및 갈등이 증가하고 있는 추세이다. 특히 왕징 지역의 많은 조선족들이 한국인 자영업자가 개척한 업종 분야(요식업, 부동산 중개업, 여행 관련업, 민박 등)에 진출하면서 한국인 자영업자와 경쟁 및 긴장관계를 형성하고 있다. 특히 2008년 글로벌 금융위기가 시작된 이후 환율상승으로 인한 경쟁력 약화로 인해 폐업위기에 몰린 한국인 자영업자들의 왕징 지역 사업체를 조선족이 대거 인수하면서 한국인과 조선족간의 경쟁 및 갈등이 심화되고 있다.[19]

> 이○○: 베이징의 조선족들은 처음에는 한국기업에서 일을 많이 했어요. 그런데 최근 15여 년 전부터 조선족들이 기업을 창업하면서 성장하는 기업들이 많아지고 있어요. 일부이지만 한국 사람들이 조선족기업에 들어가서 일하고 있는 경우도 있구요.[20]

---

18 이동성이 강하고 호구 등록여부의 불투명성으로 베이징에 거주하고 있는 조선족들과 한국인들의 통계는 공식화하기 힘들지만 조선족은 약 12~13만 명에 달하고 한국인은 약 10만 명으로 추정되고 있다.

19 백권호 외(2010), pp. 23-24.

20 이○○(한국인, 기업가, 남성), 인터뷰일자: 2016년 2월 29일

고○○: 여기에 사는 조선족들은 한족들과 사이좋게 잘 지내고 있어요. 너무 친절하고 잘 대해주고 있어요. 한국인들과도 큰 문제없이 지내는 것 같아요. 그런데 한족과 한국사람들은 특별한 관계가 만들어져 있지 않아요.[21]

최근 조선족들은 베이징의 동쪽방향으로 30여 킬로미터 떨어진 허베이성의 옌자오에 정착하면서 새로운 집거지를 형성하고 있다. 옌자오의 조선족은 1998년부터 이주했으며, 본격적으로 유입되기 시작한 것은 2009년 이후 부터이다. 왕징의 조선족들은 베이징시내의 집값이 상승하고 생활소비도 비싸지면서 상대적으로 집값이 저렴한 옌자오로 이주하게 되었다. 아울러 베이징에 살던 많은 조선족들이 베이징의 집을 처분하고 옌자오에 집을 사고 적잖은 차익을 남기려는 목적하에 유입되었다. 현재 옌자오에는 불완전한 통계이지만 약 6만 3천여 명의 조선족들이 살고 있

사진 3.3 중국 베이징의 왕징 시장 내 조선족 가게

21 고○○(한족, 여성), 인터뷰일자: 2016년 2월 28일

사진 3.4 중국 허베이성 옌자오 시장 내 조선족 가게

으며, 조선족사회의 단합과 발전을 위해 '경동조선족경제문화연합총회'[22]를 결성하여 다양한 활동을 전개하고 있다.[23]

4) 다국적 기업 진출

베이징 왕징 지역은 중국의 개혁개방의 성과가 나타나기 시작한 초기에 베이징에 거주하고 있는 중산층이 주로 거주하고 있었으며, 한국인의 진출 및 이에 따른 조선족의 동반 진입이 이루어졌다. 특히 2008년 베이징 올림픽의 개최로 다국적 기업의 중국 진출은 더욱 증가하고 있는 추세이다.

베이징 왕징 지역은 지멘스, 네슬레, 히타치, 루슨트, 에릭슨, 모토로

22 경동조선족경제문화연합총회는 2016년 9월 8일에 정부유관부문의 공식적인 인증과 허가를 받은 합법적인 사회단체로 등록되어 있다. 이 단체에는 노 · 중 · 청년 및 여성과 차세대 등 각 분야별 20개에 달하는 분회와 조직이 있고, 회원 수는 1,500명에 달한다.

23 길림신문, 2016.10.27.

라, 벤츠, BMW, Microsoft 등 다국적 기업들의 본부 혹은 지사들이 진출하면서 초국적 공간으로 변모하였다.[24] 베이징 왕징에 진출한 한국의 주요 기업들은 삼성전자, LG전자, 현대자동차, 포스코, SK 등이 있으며, KOTRA · 한국수출입은행 · 한국무역보험공사 등 주요 정부투자기관도 진출해 있다.

이처럼 베이징 왕징 지역은 글로벌 도시로 가속화되고 있으며, 동시에 왕징 지역 구성원들 또한 매우 다양해지고 있다. 중국 사회과학원의 최근 자료에 따르면, 2008년 현재 왕징 전체 주민의 4분의 1이 외지 인구인데, 이중 조선족을 중심으로 한 중국의 20여 개 소수민족이 1만여 명, 한국인을 중심으로 한 50여개 외국 국가의 외국인이 전체 외지 인구의 60%를 차지하고 있는 것으로 추산되고 있다.[25]

요약해보면, 베이징 왕징은 중국 내 대표적인 코리아타운이면서 다국적기업의 본사가 위치하고 있으며, 중국 최대 전자상거래 업체인 알리바바와 소셜커머스 기업 메이투안 등 현지 기업들이 자리 잡고 있는 초국적 공간으로 성장하고 있다.

5) 베이징 왕징 조선족의 커뮤니티 활동

조선족의 중국 내 대도시나 해외 이주는 매우 짧은 기간에 급속히 진행되어 집거지를 형성했다는 점이 특징이다. 이러한 배경에는 조선족의 이주가 연쇄이주, 이른바 혈연과 지연이라는 전통적인 사회관계를 통해 이루어졌기 때문이다. 따라서 새로운 지역에서 조선족들은 끈끈한 유대관계를 바탕으로 다양한 형태의 사회적 지지체계를 구축할 수 있게 되었

24 정종호(2013), p. 442.

25 中國社會科學院(2008),『社区建设中国际,, 民族因素的影响及对策: 多国籍, 多民族的北京市望京社区研究』, p. 35; 백권호 외(2010)에서 재인용

다.[26] 이하에서는 조선족들이 초국적 공간이라는 낯선 환경에 적응하기 위해 형성한 주요 커뮤니티의 활동과 그 기능에 대해 살펴보고자 한다.

(1) 베이징조선족기업가협회

베이징조선족기업가협회는 베이징에서 기업 활동을 벌이고 있는 조선족 기업인들을 중심으로 기업의 발전과 조선족 경제발전, 그리고 조선족사회의 화합을 도모하기 위해 2011년 6월 8일에 설립되었다. 베이징조선족기업가협회는 조선족 기업가들간의 정보공유와 상호교류, 대외협력 관련 세미나, 포럼, 기업탐방 등 행사와 지역사회의 공익자선사업을 추진해오고 있다. 또한 베이징조선족기업가협회는 계간지 발간과 모바일 사이트를 개설하여 경험과 정보 공유, 협회활동 홍보의 장으로 활용하고 있다. 현재 협회는 IT, 문화산업, 서비스업을 위주로 한 회원사 200개, 회원 400명을 보유하고 있다.[27]

베이징조선족기업가협회는 2014년부터 조선족 기업간의 교류증진을 촉진하고 조선족기업들이 거둔 성과를 홍보하며, 성공기업의 금융투자 전략 경험을 공유해 상생의 길을 모색하기 위한 '베이징조선족기업가협회 혁신포럼'을 개최해오고 있다. 최근 베이징 조선족기업의 성장에 대한 인터뷰 내용을 보면 아래와 같다.

> 천○○: 베이징의 조선족 기업가들은 2011년 이전까지는 소수의 기업가들이 두각을 나타내고 있었지만 2011년 이후에는 조선족 기업가들이 급성장하면서 한국기업보다 경쟁력 있는 기업들이 늘어나고 있어요.[28]

> 이○○: 최근에 베이징, 연변, 단동, 칭다오 등에서 활동하고 있는 조선족기업가

26 박광성(2010), p. 367.

27 재외동포신문, 2014.06.06.

28 천○○(한국인, 민주○○○○지회, 남성), 인터뷰일자: 2016년 2월 27일

들 중 5명이 세계한상대회 운영위원으로 참여하여 활동하고 있어요. 조선족기업들이 성장하면서 실질적으로 한국경제에 도움이 되고 있어요. 소수이기는 하지만 조선족기업가들이 한국의 기업을 인수하는 경우도 있구요. 조선족기업가협회 회원들 중 일부는 제주도에 직접 투자하거나 중국기업들이 조선족기업을 통해 투자하고 있어요.[29]

아울러 베이징조선족기업가협회는 매년 정기적으로 중국조선족기업가협회에서 개최하는 조선족기업가경제교류회[30]에 참가하고 있으며, 이를 통해 중국에서 기업활동을 하고 있는 조선족 기업인들과 친선 교류 및 공생을 위한 방안 등을 모색하고 있다.

베이징조선족기업가협회의 청년분회에서는 베이징에 있는 조선족 청년들과 한국 청년들의 친목을 도모하기 위한 활동을 전개하고 있다. 지난해 2015년 5월 26일에 개최된 '10km 도보 트레킹' 행사에는 베이징조선족기업가협회 청년분회 회원, 베이징총한국학생회연합 회원, 중국조선족학생센터(KSC) 회원 등 50여 명이 참가했다.[31]

베이징조선족기업가협회는 세계한인무역협회(World-OKTA)[32]와 정기적으로 교류 행사를 진행해오고 있다. 월드옥타 베이징지회는 차세대 무

29 이○○(한국인, 기업가, 남성), 인터뷰일자: 2016년 2월 29일

30 조선족기업가협회는 2007년에 심양시조선족기업가협회, 흑룡강성조선족상공회, 길림성조선족경제과학기술진흥총회, 연변기업가협회, 길림시조선족기업가협회, 청도시조선족기업가협회, 단동시조선족기업가협회, 북경시조선족기업가련의회, 상해시조선족기업가련의회 등 10여개 도시에서 기업활동을 하고 있는 기업가들이 중국 내 조선족기업계를 대표하는 최고연합기구의 필요성을 제안하면서 설립되었다. 2007년 4월에 심양에서 제1회 중국조선족기업가경제교류대회는 개최하였으며, 대련, 광동, 철령, 본계, 무순, 료양, 안산, 사평, 위해, 연태, 목단강, 진황도, 소주 등의 기업가협회가 조직되었다. 현재는 기업회원수가 3000여개에 달하고 관련 기업의 종업원수는 60여만 명에 이른다. 길림신문, 2011.07.15.

31 재외동포신문, 2015.05.06.

32 월드옥타는 1981년에 설립되어 재외동포 경제단체 가운데 역사가 가장 길고 규모도 최대이다. 전 세계 지회가 70개국 137개에 이른다.

역스쿨, 정기총회 및 신년하례회 등을 통해 한국인 기업가들뿐만 아니라 조선족 기업가들과 교류 및 친목 도모 행사를 함께 하고 있다. 이와 같이 베이징조선족기업가협회는 조선족 기업인의 성공과 발전, 조선족사회의 위상 제고를 위한 다양한 활동을 전개할 뿐만 아니라 베이징 지역에서 기업 활동을 하고 있는 한국인 기업가들과 교류협력 활동을 병행하고 있다.

(2) 베이징애심여성네트워크

베이징애심여성네트워크는 2007년 5월 12일에 설립되었다. 이 커뮤니티는 베이징에 거주하고 있는 조선족 중 · 청년 여성들이 가정의 행복, 여성들 간 교류, 지역사회의 발전과 조화사회의 구축을 위하여 결성한 민간모임이다. 애심여성네트워크는 베이징을 중심으로 공익자선 활동 및 조선족의 발전과 화합을 위한 다양한 활동을 전개하면서 국내외적으로 베이징 조선족 여성을 대표하는 단체로 성장하고 있다.

베이징애심여성네트워크는 현재 150여 명의 회원을 보유하고 있으며, 행정사무부, 회원부, 자선공익부, 재무부, 홍보부, 독서강좌부, 청년부, 문예부, 자녀활동부, 후원부 등 10개 부서로 구성되어 다양한 행사와 취미활동을 조직하고 있다. 이사단은 34명의 이사로 구성되어 있는데, 회원간의 친목과 교류를 강화하고 비즈니스 활동에 도움이 되도록 정기적으로 기업탐방, 좌담회, 공익강좌 등을 진행한다. 자녀활동부에서는 어린이날이나 방학이 되면 회원자녀들을 조직하여 식수활동, 야외소풍놀이, 음식조리법 알아보기, 장기자랑 등을 진행하고 있다. 청년부에서는 베이징에 재학 중인 조선족 대학생들을 대상으로 대학생 드림 토킹, 중한대학생 자원봉사 세미나 등의 행사들을 진행하고 있다.

베이징애심여성네트워크는 2011년에 애심여성문화원을 설립하여 조선족 여성들을 대상으로 다양한 문화활동을 전개하고 있다. 애심여성문화원에서는 여성들에게 성장과 배움의 기회를 마련해주고자 틈틈이 모임과

강좌를 진행한다. 독서회, 꽃꽂이, 커피강좌, 무용교실, 수기강좌, 노래교실, 영어교실 등을 운영한다. 이와 같이 애심여성문화원은 조선족 여성들의 쉼터이고 문화공간이며, 조선족 경영인들을 위한 비즈니스센터의 장이 되고 있다.

(3) 베이징조선족노인협회

베이징에는 조선족 노인 약 2만여 명이 거주하고 있으며, 이들은 주로 자녀들을 따라 이주했다. 조선족 노인들은 친목활동을 하는 과정에 시사를 공부하고 문예활동을 함께 하는 등 체계적인 행사를 진행할 필요성을 느껴 2007년에 4개 지역을 묶어 아리랑노인문체교류협회를 설립했다. 아리랑노인문체교류협회는 노인들의 건강과 행복, 학습, 교류를 주제로 활발한 활동을 진행했고, 베이징올림픽 개막공연 참가, 자원봉사 활동 등 사회공익행사에 적극 참여해왔다. 2012년 5월에 아리랑노인문체교류협회로부터 베이징조선족노인협회로 명칭을 바꾸었고, 심의를 거쳐 베이징시민족친목회 산하 합법적인 민간단체로 인정받았다. 베이징조선족노인협회는 일심동락회, 꽃노을, 낙원회, 오락회, 행복샘, 친목회 등 13개 분회 300여 명의 회원을 가진 협회로 성장했다.[33]

베이징조선족노인협회는 노인문화제, 노인패션쇼 등 전국적인 조선족 노인행사를 주최하고 있다. 또한 베이징조선족운동회와 조선족축제에서 전통민속 문예공연을 함으로써 조선족의 민족문화를 후대들에게 보급하고 전승하는 역할을 수행하고 있다.

베이징에 거주하는 조선족 노인들은 대부분이 호구도 없이 자녀를 따라 이주해왔기 때문에 경제적으로 어려움을 겪고 있으며, 경비부재로 협회 활동 또한 어려움을 겪고 있다. 아래의 인터뷰 내용에서도 보듯, 베이

---

33 중국의 창, 2017.01.13.

징의 조선족 노인들은 일을 할 수 있는 기회를 엿보고 있으며, 종교활동을 하면서 삶의 기쁨을 누리고 있기도 하다.

정○○: 나이 먹어도 일할 수 있을 때 일하고 싶어요. 욕심 많은 사람들은 다 한국으로 빠졌어요. 저도 기회가 되면 한국에 나가서 일하고 싶죠. 사는 게 바빠서인지 만나는 사람이 별로 없어요. 그나마 1주일에 목요일과 일요일에 두 번 성당에 나와서 기도하고 자매님들과 오순도순 속에 있는 말을 털어 놓는게 제일 좋아요.[34]

김○○: 한인회에서는 오래전부터 나무심기 행사를 해왔는데, 조선족노인협회에서 조선족 노인들이 실외활동이 그다지 많지 않아서 올해 청명절에 나무심기를 같이 하기로 제의가 들어와서 진행할 계획이에요.[35]

(4) 중국조선족학생센터

중국조선족학생센터(KSC)는 2000년 11월 19일에 베이징 조선족 학생들의 친선 교류와 조선족사회의 발전을 모색하기 위해 설립되었다. 주요 사업으로는 조선족 대학생 축구시합, 변론회, 문예축제, 고향탐방활동 등이다.[36]

중국조선족학생센터는 베이징의 대학에 다니고 있는 조선족학생들의 네트워크로써, 매년 베이징 조선족 대학생 축구 경기 대회와 베이징 조선족 대학생 예술절 등을 개최하고 있다. 중국조선족학생센터는 베이징대, 칭화대, 중앙민족대 등 베이징의 주요 대학에 재학 중인 조선족 대학생들이 참여하는 '중국조선족학생센터 대학생 기자단'을 결성하여 조선족 대학생들의 대학생활 소개와 취업관련 정보를 공유하고 있다.

---

34 정○○(조선족, 여성, 63세), 인터뷰일자: 2016년 2월 28일

35 김○○(한국인, 한인회, 남성), 인터뷰일자: 2016년 2월 29일

36 인터넷료녕신문, 2010.04.28.

또한 중국조선족학생센터는 매년 베이징의 대학에 다니고 있는 학생들을 대상으로 고향탐방단을 조직하여 동북 3성 지역 조선족학생들의 학습의욕을 고취시키고 민족의 자긍심을 고취시키는 봉사활동을 전개하고 있다.

(5) 민족교육 커뮤니티: 정음우리말학교

중국의 개혁개방과 도시화로 동북 3성 지역의 농촌공동체에 집중 거주하고 있던 조선족들이 새로운 도시지역에 정착하여 살아가면서 가장 우려스러운 점은 자녀들의 민족교육 문제이다. 현재 베이징과 같은 대도시의 경우 국가 교육부에서 인정하는 조선족학교가 하나도 없는 실정이다. 즉 새로운 집거지에서 자녀들에게 민족의 언어와 역사, 문화를 학습시키는 것은 조선족사회의 큰 이슈로 부상하고 있다.

베이징 왕징의 조선족사회는 베이징과 인근 도시에 거주하는 조선족 어린이들을 대상으로 민족의 역사와 문화, 언어를 교육하기 위해 '정음우리말학교'[37]를 설립하여 운영하고 있다. 정음우리말학교는 산재 지역에 조선족 민족교육기구가 부족하여 민족문화와 민족언어를 배울 기회가 거의 없는 상황을 충분히 인식하여 중국조선민족사학회, 코리언언어문화교육센터, 베이징애심여성네트워크가 주도하여 2013년 3월 9일에 정식으로 학교를 설립했다.[38]

정음우리말학교는 기초반, 중급반, 고급반으로 나누어져 있으며, 수업은 한 학기 16주, 매주 토요일에 이루어지고 있다. 2014년 3월에는 후원

---

37 정음이라는 명칭은 훈민정음에서 '바른 소리'를 의미하는 정음에서 따온 것이다. 길림신문, 2016.03.29.

38 정음우리말학교는 2012년 12월 1일에 처음으로 강좌를 시작했다. 당시 수강학생은 6명에 불과했으나 2013년 3월 학기에 30명, 9월 학기에 38명, 2014년 3월 학기에 70명, 9월 학기에 110명 등 점진적으로 증가하는 추세이다.

회를 구축하고 운영위원회를 구성하는 등 안정적인 운영의 기틀을 마련하였다. 후원회는 베이징조선족기업가연합회, 베이징애심여성네트워크, 중앙민족대학교 조문학부, 기타 회원 등으로 구성되었다. 최근에는 한류의 영향을 받아 한국의 음식문화, K-POP 체험, 태권도 체험 등 한국의 다양한 문화체험 프로그램을 운영하고 있다.[39]

베이징정음우리말학교 설립 이후 조선족의 새로운 집거지로 부상하고 있는 상하이, 난징, 옌타이, 옌자오, 광저우, 톈진 등에도 정음우리말학교가 설립되어 운영되고 있다. 최근에는 어려운 조건에서도 지역별 우리말학교간의 교류와 정보 공유, 민족교육 시스템 구축을 위해 '도시우리말학교협의회'를 설립하였다.[40] 이처럼 베이징 등 대도시지역의 조선족사회는 새로운 이주로 발생한 민족의 언어 및 문화에 대한 교육문제를 해결하고, 민족정체성 유지를 위해 비공식적이지만 우리말학교를 운영하고 있다.

사진 3.5 북경정음우리말학교 졸업식 장면〉[41]

39 재외동포신문, 2017.01.11.

40 인민넷, 2015.08.24.

41 출처: https://news.moyiza.kr/724460

(6) 스포츠 커뮤니티

베이징에 거주하고 있는 조선족들은 축구, 골프, 배구 등 스포츠 커뮤니티를 결성하여 취미생활을 즐기고 있으며, 이를 통해 조선족의 결속력을 강화하고 있다. 베이징 조선족의 대표적인 스포츠 커뮤니티로는 조선족축구협회와 조선족골프협회가 있다.

베이징조선족축구협회는 베이징 조선족의 단체 중에서 규모가 제일 크고 활동이 가장 활성화되어 있다. 조선족축구협회는 총 12개의 축구팀이 있으며, 20대부터 50대에 이르기까지 약 500여 명의 회원들이 활동하고 있다. 조선족의 축구운동은 2003년을 전후로 여러 분야에서 조직된 축구팀들이 경기를 진행하면서 서서히 발전하는 모습을 보이다가 2005년 금영컵 베이징조선족축구연맹전을 계기로 정식으로 베이징조선족축구협회를 발족하게 되었다. 창립초기에 10개 팀이 협회에 가입했으며, 현재는 12개 팀이 매주 토요일과 일요일 리그로 구분하여 경기를 진행하고 있다. 조선족축구협회는 매년 약 200 게임 이상에 달하는 연맹전을 진행하고 있으며, 연길과 상해의 조선족축구협회와 친선 경기를 진행하고 있다. 조선족축구협회는 조선족, 한족, 한국 어린이들로 구성된 어린이 축구 과외 훈련반을 결성하여 운영하고 있다.

베이징조선족골프협회는 베이징에 거주하고 있는 조선족들이 중심이 되어 2011년 5월 5일에 베이징 경화골프클럽에서 창립대회를 개최하여 설립되었다.[42] 조선족골프협회는 베이징타이거골프회[43], 연변대학동문골프회, 벌리조선족 중학교골프동우회 등 베이징에 있는 여러 중소 골프 동호회들이 통합하여 만들어진 단체이다. 전체 200여 명의 회원으로 출범

---

42 조선족골프협회 창립대회에는 중 · 일 · 한경제발전협회, 재중대한체육회, 한국 경상북도 대표 등 관계자들도 참석하였다.

43 북경타이거골프협회는 중국조선족 최초의 골프단체로 1999년에 결성되었다.

했으며, 베이징에 거주하는 조선족이면 누구나 협회에 가입할 수 있다. 조선족골프협회는 골프를 통해 친목을 다지고 회원간의 교류를 촉진하고, 조선족골프협회를 플랫폼으로 조선족기업의 발전과 조선족사회의 발전을 촉진하는데 목표를 두고 있다.[44] 조선족골프협회는 매년 골프대회를 개최하고 있는데, 이 대회에는 조선족뿐만 아니라 베이징한국인회, 베이징한국중소기업가협회, 중국한인회 등 베이징의 한국인 단체들도 참가하고 있다.[45] 이외에도 베이징조선족축구협회는 한국의 국민생활체육회와 재한조선족축구협회와 교류활동을 전개하고 있다.[46]

전국조선족기업가골프협회는 베이징타이거골프협회 설립 이후 결성되었으며, 2000년 첫 대회를 개최한 이후 매년 도시들을 순회하면서 정기대회를 개최하고 있다. 제1회 대회 때에는 40여명이 참석하였지만 현재는 수백 명이 참석하고 있으며, 베이징, 상하이, 선양 등 10여 개 도시에서 조선족골프협회가 결성되어 활동하고 있으며, 약 2,000여 명의 조선족 기업인이 회원으로 등록되어 있다.[47]

이와 같이 베이징의 조선족들은 다양한 스포츠 커뮤니티를 결성하여 회원들간의 친목증진과 조선족사회의 발전을 촉진하는데 노력하고 있으며, 한국인과의 친선교류 활동을 통해 민족 간 교류와 협력의 장을 만들어 가고 있다. 아래 인터뷰내용은 조선족과 한국인 간 스포츠 교류활동에 관한 것이다.

---

44 재외동포신문, 2011.05.16.

45 흑룡강신문, 2016.10.31.

46 길림신문, 2011.06.14.

47 중국동포신문, 2016.05.17.

김○○: 한국인과 조선족의 배드민턴 클럽이 있는데, 지난해는 클럽대항전에 두 팀이 참여 했구요. 금년에는 네 팀이 참여하여 클럽대항전을 개최하기로 했어요. 바둑 두는 동호회 도 있어 같이 하기로 했어요.[48]

6) 조선족 커뮤니티의 주요 기능

(1) 민족정체성의 유지와 강화

디아스포라연구의 선도자인 사프란(Safran)에 따르면, 디아스포라는 조국에 대한 집합적 기억과 신화를 가지며, 조상의 모국을 진정한 이상적인 고향으로 여겨 궁극적으로 되돌아가야 할 땅으로 생각하는 속성을 가지고 있다.[49] 즉 디아스포라는 모국 또는 고향에 대한 기억을 간직하면서 자신의 역사와 문화적 뿌리를 유지하려는 활동을 전개한다. 이러한 의미에서 베이징 왕징의 조선족들 또한 자신의 문화와 언어 유지, 그리고 고향에 헌신 봉사하는 활동을 전개하고 있다.

베이징조선족노인협회는 새해맞이 모임, 베이징조선족운동회, 노인문화제와 같은 축제 행사에서 조선족의 독특한 민속문화를 담은 문예공연을 함으로써 조선족 후대들에게 민족의 문화와 정신을 보급, 전승하고 있다.

중국조선족유학생센터는 매년 고향탐방단을 조직하여 자신들의 고향인 동북 3성 지역을 방문하여 조선족청소년들에게 학습지원 활동을 전개함으로써 민족의 자긍심을 고취시키는 역할을 하고 있다. 이와 비슷한 취지에서 베이징애심여성네트워크는 자선공익 브랜드 행사인 '꿈나무 심어주기' 행사를 통해 학업성적이 우수하나 가정이 빈곤한 동북 3성 지역의 조선족 중학생들을 베이징에 초청하여 조선족의 성공사례들을 공유함으

48 김○○(한국인, 한인회, 남성), 인터뷰일자: 2016년 2월 29일

49 Safran, W, "Diasporas in modern societies: myths of homeland and return," *Diaspora: A Journal of Transnational Studies*, Vol.1, No.1(1991), p. 83.

로써 민족적 자긍심을 고취시키는데 기여하고 있다.

베이징 왕징의 조선족사회에서 민족교육을 담당하는 곳은 정음우리말학교이다. 정음우리말학교는 동북 3성 지역의 조선족학교와 비교할 바는 아니지만, 초국적 공간에서 민족의 역사와 문화, 언어를 지키고 있다. 특히 정음우리말학교는 중국 내 대도시에 거주하고 있는 조선족의 우리말학교와 네트워크를 구축하여 민족정체성 유지를 위해 공동의 노력을 기울이고 있다. 이처럼 베이징, 상하이 등 조선족 신집거지의 우리말학교는 민족의 문화와 언어를 습득하고 정체성을 유지 · 강화하는데 기여하고 있다.

(2) 조선족공동체의 발전과 위상 제고

베이징 왕징의 조선족 커뮤니티는 구성원간의 친목도모 뿐만 아니라 조선족사회의 결속력을 강화하고 공동 발전을 촉진하는 역할을 담당하고 있다.

베이징조선족기업가협회는 조선족기업의 교류와 성장뿐만 아니라 조선족사회의 화합과 발전을 도모하고 있다. 대표적으로 베이징시조선족운동회와 베이징시조선족민속축제를 개최하여 조선족의 친선교류와 공동체의 결속을 강화하고 있다.[50] 베이징시조선족운동회는 베이징에 거주하고 있는 약 10만 여명의 조선족들이 특정한 날에 모여서 조선족의 역사와 민족문화를 공유하고 홍보하는 장이다. 민속축제에서는 조선족 특유의 민속놀이를 개최하고 조선족 음식을 공유함으로써 민족적 자부심과 함께 조선족사회의 화합을 이끌어내고 있다.

또한 베이징조선족기업가협회는 중국조선족기업가협회, 연변조선족

50 베이징시 조선족운동회는 1980년에 처음 개최되어 2, 3년에 한 번씩 열리고 있으며, 베이징시 민속축제는 2011년에 시작되었다. 길림신문, 2014.10.20.

기업가협회, 대련조선족기업가협회 등 조선족기업가 네트워크를 구축하여 중국사회에서 조선족기업의 경쟁력 강화 및 위상을 제고하는데 중요한 역할을 담당하고 있다.[51]

베이징애심여성네트워크는 조선족여성의 대표적인 커뮤니티로써, 2009년 12월에 '제1회 전국애심여성포럼'을 결성하여 조선족여성 리더의 발굴과 교류증진, 민족정체성 공유, 조선족사회의 통합과 인적네트워크를 구축하는데 기여하고 있다.

(3) 한국(인)과 교류 및 연계 강화

베이징 왕징의 조선족 커뮤니티는 초국적 공간이라는 낯선 환경에 안정적으로 적응, 정착하기 위해 민족적 동질성을 갖는 한국인과의 친선교류 활동을 전개할 뿐만 아니라 한 · 중 수교 이후 심리적 친밀감을 갖게 된 한국과의 교류 및 연계를 끊임없이 시도하고 강화하는 플랫폼이 되고 있다. 아래의 인터뷰내용은 베이징에 일자리가 부족하여 한국으로 이주해 어렵더라도 일을 하고 싶어 하는 조선족들이 많이 있음을 알 수 있다.

> 박○○: 현재 베이징의 주택이나 물가가 너무 비싸고 일자리가 없어 조선족들이 생활하는데 많은 어려움이 있다. 그래서 베이징의 조선족들이 한국에 들어가서 힘들더라도 일하려고 한다. 경기도 고양에 아내가 나가 있어 한국에는 자주 나가는 편이다.… 유학생 교류하는 일을 하고 있어서 그런지 한국의 교육이 매우 발전해 있음을 알 수 있다.[52]

조선족 기업가의 대표적 커뮤니티인 베이징조선족기업가협회는 베이징의 중국한국인회와 공동으로 창업 및 취업 인큐베이터를 운영하여 한 ·

51 동북아신문, 2016.06.09.

52 박○○(조선족, 유학생교류담당자, 남성), 인터뷰일자: 2016년 3월 3일

중 전문가를 육성하기 위해 노력하고 있다.[53] 이러한 행사를 통해 중국에 거주하고 있는 조선족과 한국인간의 친선 교류와 협력, 화합을 증진하는데 기여하고 있다.

> 김○○: 1990년대에는 조선족들이 주로 한국기업에서 일하고 했지만 최근에는 조선족사회가 발전하면서 새로운 관계를 형성하고 있어요. 일부 조선족은 베이징에서 어려운 상황에 있는 한국인들을 암암리에 지원하고 있기도 하구요. 한인회에서는 송년회 등과 같은 행사에 조선족기업가협회와 애심여성네트워크 관계자들을 초청하여 협의회를 만들어 각 단체 간 교류를 증진하는데 노력하고 있어요. 지난 송년회에서 베이징조선족기업가협회 회장을 명예회장으로 위촉하여 활발한 교류를 추진할 계획이에요.[54]

베이징 조선족 여성의 대표적 커뮤니티인 베이징애심여성네트워크는 한국의 여성가족부가 주최하는 세계한민족여성네트워크(KOWIN)대회[55]와 세계한민족여성재단(KOWINNER)[56]이 주최하는 다양한 행사에 참여하여 해외 30여개 지역의 한민족 여성들과 연계 및 교류활동을 증진하는데 일

53 worldKorean, 2016.10.08.

54 김○○(한국인, 한인회, 남성), 인터뷰일자: 2016년 2월 29일

55 세계한민족여성네트워크는 세계 한민족 여성 네트워크 구축을 통해 세계 속 한민족 여성의 권익향상 및 국가경쟁력을 확보하기 위해 지난 2001년에 설립되었다. 해외 지역별 네트워크는 일본, 중국, 러시아, 홍콩, 말레이시아, 인도네시아, 필리핀, 호주, 뉴질랜드, 미국(서부, 동부), 캐나다, 과테말라, 브라질, 아르헨티나, 독일, 프랑스, 스페인, 이집트, 터키 등이 구축되어 있다. 세계한민족여성네트워크 홈페이지: http://kowin.mogef.go.kr/hom/main/main.do(검색일: 2016.05.12.)

56 세계한민족여성재단은 전 세계에서 활동하고 있는 한민족 여성 리더들의 단합과 결속을 통한 국가경쟁력 강화 및 권익 향상을 목적으로 2007년에 설립되었다. 주요 사업으로는 〈일본군 위안부 해결 '세계 1억인 서명운동'〉, 〈여성의 글로벌 리더십 역량강화 지원〉, 〈재외 차세대 여성 리더 지원 사업〉, 〈차세대 여성 경제인 양성 사업〉 등을 전개하고 있다. 세계한민족여성재단 홈페이지: http://www.kowinner.org/(검색일: 2016.05.12.)

조하고 있다.

중국조선족학생센터는 2011년에 한국의 재외동포재단의 지원을 받아 한국인 유학생 단체인 베이징총한국학생연합[57]과 공동으로 '제1회 한 · 중 차세대 리더 간담회'를 개최하였다.[58] 이 간담회는 베이징에 거주하고 있는 양 단체 대학생 대표들이 처음으로 가지게 된 정식적인 교류회로써, 양 단체의 지속적인 교류 및 발전을 위한 방안을 모색했다. 중국조선족학생센터는 이러한 행사를 통해 베이징총한국학생연합과의 친선교류 및 협력을 증진시키는 역할을 수행하고 있다.

베이징정음우리말학교는 베이징의 한국국제학교와 한국의 재외동포재단과 소규모적이지만 교류협력 활동을 전개하고 있다. 정음우리말학교는 재외동포재단에서 주관하는 '2016 한글학교 맞춤형 지원 우수 프로그램' 사업에서 '한글학교 차세대 교사육성 프로그램'을 운영하여 우수사업으로 선정되기도 했다.[59] 이러한 활동은 한국과의 교류협력을 증진하는 계기를 제공하며, 조선족 신집거지의 주요 현안인 차세대 조선족의 민족교육문제를 일정부분 해소하는데 기여할 것으로 볼 수 있다.

---

57 북경총한국학생연합은 베이징에서 학업을 하는 한국유학생들의 권익과 편의 및 발전적인 유학생활을 위해 1992년에 결성되었다. 북경총한국학생연합 홈페이지: http://www.bjkrst.com/(검색일: 2017.05.10.)

58 worldKorean, 2011.12.04.

59 worldKorean, 2017.03.24.

3. 일본 도쿄의 조선족과 커뮤니티

1) 조선족의 일본 이주와 특성

조선족의 일본 이주는 어떠한 배경에 이루어졌을까. 이 글에서는 크게 세 가지 차원에서 살펴보고자 한다.

첫째, 중국의 유학생 송출에 관한 정책이다. 중국의 유학생 송출 정책은 1978년 6월 23일 덩샤오핑이 칭화대학에서 해외파견 유학생의 확대를 지시하면서 개혁개방 정책의 상징으로 부상했다.[60] 1978년 8월에 국가교육위원회가 주도하여 유학생 파견에 대한 정책을 수립하였고, 1979년에 미국, 일본, 유럽 지역에 총 1,750명의 유학생을 선발하여 파견하였다.[61] 1984년에 국무원이 개정한 '자비출국유학에관한잠정규정'이 발표되면서 좀 더 개방적인 유학정책이 실시되었다. 특히 조선족의 일본 유학은 1985년 11월 22일 중화인민공화국 외국인출입국관리법이 제정되면서 본격화되었다.[62]

둘째, 일본의 유학생 및 이주민 수용에 관한 정책이다. 일본의 유학생 수용 정책은 1983년 나카소네 수상에 의해 책정된 '유학생 10만 명 계획'과 1984년 '21세기 유학생 정책의 전개에 대하여'라는 문부성의 정책에 따라 유학생 및 취학생의 입국절차가 간소화되었다. 이후 1989년 '출입국관리 및 난민인정법'이 개정되었고, 1992년 '제1차 출입국관리기본계획'이 공표되었다. 특히 1996년 12월에 '출입국관리 및 난민인정법시행규칙'이 개정되어 신원보증인제도[63]가 폐지되면서 조선족의 일본이주가 본

---

60 동아일보, 中 개혁개방후 해외유학정책, 1998.09.25.

61 손안석(2012), "대두하는 중국과 재일 중국인 커뮤니티의 변화,"『일본비평』 제6호, p. 86.

62 권향숙(2012), p. 59.

63 일본은 유학, 취학을 희망하는 외국인에 대해 일본인의 신원보증에 관한 증명서 제출을 의

격화되었다.[64]

셋째, 중국조선족사회의 역사적 특성에 관한 것이다.[65] 중국조선족은 일제식민지시대에 자발적이든, 강제적이든 한반도에서 연변 지역을 포함한 동북 3성 지역에 집중 이주하였다. 일본은 1931년 9월 18일에 만주사변을 일으켜 동북 3성 지역을 장악하고 1932년 2월 16일에 만주국을 선포하였다. 당시 동북 3성 지역의 조선족사회는 만주국의 영향 등 직간접적인 이유로 일본어에 능통한 사람들이 많이 있었으며, 1949년 중국 건국 이후 그들이 민족교육의 한 축을 담당했다. 1990년대 중반까지 중국의 고등학교, 특히 동북 3성 지역의 조선족학교에서는 일본어가 제1외국어로 교육이 이루어졌다. 이러한 역사적 유산이 조선족들이 일본어에 능통하게 된 배경이 되었다. 물론 일본어가 한글과 문장구조가 동일하다는 점도 조선족이 일본어를 배우게 된 요인이 되었다.

이러한 배경에 의해 일본으로 이주하게 된 조선족은 현재 약 10만여 명에 이르는 것으로 추정되고 있다. 현재 일본은 외국인통계에서 국적별로 진행하고 있기 때문에 조선족의 실제 총수를 객관화하기에는 매우 어려운 상황에 있다. 특히 일본에 살고 있는 조선족의 경우 한국 국적을 취득한 사람들도 있어 더더욱 그렇다. 이러한 이유 때문에 재일조선족을 '보이지 않는 소수자'라고 부르기도 한다. 또 한편으로는 재일조선족은 시각에 따라 화교 · 화인이 되기도 하며, 한국의 재외동포 중 일부가 된다. 그런 점에서 재일조선족은 일본, 중국, 한국 등 '사이에 끼인 존재'(being-in-

---

무화하도록 하였다.

64 권향숙(2012), p. 15.

65 아울러 중국조선족의 교육열 또한 매우 중요한 배경이 되었다. 1980년대 중반 이후 조선족 부모의 꿈은 자녀를 민족대학 또는 중국 내륙 대학에 진학시킨 뒤 일본으로 유학을 보내는 것이었다. 한 예로, 길림성 서란조선족제일중학교의 졸업생 80여명 중 15명이 일본으로 유학했거나 취업하였다. 한겨레신문, "한국은 싫다"… 젊은 유학생들 '건배! 재팬드림', 2011.11.18.

사진 3.6 일본 도쿄 신오쿠보코리아타운 내 조선족 식당: 진달래

between)로 볼 수 있다.

일반적으로 재일조선족은 한국에 이주한 조선족과 달리 1980년대 중국과 일본의 유학생 정책에 따라 조선족 유학생이 일본에 이주, 정착하면서 재일조선족사회의 뿌리가 되었다. 이후 일본어가 능통한 조선족들이 IT 기업에 취업하거나 회사를 창업하게 되었고, 일부의 조선족 IT기업가는 일본어가 능통한 조선족 및 가족을 직원으로 채용하기도 하였다.[66] 아

66 동북아신문, 재일 중국 조선족 유학생 현황에 대하여, 2006.02.05.

울러 최근에는 유학생으로 대표되는 조선족 1세대들과 국제결혼으로 일본으로 이주한 조선족여성들이 일본사회에 안정적으로 적응, 정착하면서 가정을 이루고 2세대들이 증가하고 있는 추세이다. 일본정부에 의해 발표된 통계자료는 아니지만, 2005년까지 일본에 정착한 조선족들의 신분구성을 보면 학부생과 대학원생을 포함한 유학생이 가장 많으며, 다음이 IT기술자를 포함한 회사원, 서비스업, 기업인, 교수 및 연구자 등의 순이다. 지역별 분포 현황을 보면, 도쿄에 22,000여 명 요코하마/시즈오카에 9,000여 명, 치바/사이타마에 9,000여 명, 오사카/고베에 8,000여 명, 나고야/아이치 등에 3,000여 명, 홋카이도 등에 1,000여 명, 규슈 등에 1,000여 명으로 총 53,000여 명에 이른다.[67]

마지막으로, 재일조선족은 일본에 거주하고 있는 외국인 이주자들 중에서 한 · 중 · 일 3개 언어에 가장 능통하다는 언어적 우위성을 가지고 있다. 이러한 언어적 우위성을 가진 조선족은 중국에 진출한 일본기업들에게 매우 중요한 인재가 되었다. 그러나 최근 재일조선족사회에서는 조선족 1세대들의 다언어적 장점이 일종의 딜레마를 초래하고 있다. 조선족 1세대들의 다문화적, 다언어적 특성은 자신들의 정체성에 대한 고민과 갈등의 요인이 되고 있으며, 자녀들의 교육문제와 정체성에도 부정적인 영향을 미치고 있다.

2) 재일조선족의 커뮤니티 조직과 활동

재일조선족사회의 에스닉 커뮤니티는 1980년대 초반에서 1990년대 중반까지 유학생들이 중심이 되어 소규모 커뮤니티 활동을 전개하였고, 1990년대 중반부터 2000년대까지는 유학생은 물론 전문직, IT기술자,

67 동북아신문, 재일 중국 조선족 유학생 현황에 대하여, 2006.02.05.

직업인, 결혼이주자가 일본으로 유입되면서 다양한 커뮤니티가 결성되었다. 이 연구에서는 재일조선족의 에스닉 커뮤니티를 부문별 커뮤니티와 온라인 커뮤니티를 중심으로 살펴보고자 한다.

(1) 유학생 커뮤니티

① 연변대학일본학우회

조선족의 일본 유학은 1990년대 일본의 유학생 유치 정책에 힘입어 한국보다 일본으로 유학이 집중되었다.[68] 일본에서 가장 먼저 생긴 조선족 단체는 1990년에 설립된 '연변대학일본지역학우회'이다.

② 천지협회

1995년에 조선족 유학생들을 중심으로 도쿄에서 백두산 천지의 이름을 딴 천지협회(당시 천지구락부)가 조직되었다. 천지협회에는 천지청년회, 천지교육기금, 천지넷, 천지후원회 등의 조직이 있으며, 협회지인 '천지 인문'을 발행하였다. 천지협회는 체육대회, 망년회, 댄스파티, 취직경험교류회, 연구토론회 등 친선교류활동을 진행하고 있으며, 중국조선족 소년보와 함께 천지장학금을 설립해 학생들에게 지원하고 있다.

③ 동북아청년연합회

조선족 유학생들을 중심으로 한 동북아청년연합회는 2001년 결성되었다. 현재는 중국인, 일본인, 동남아시아 지역 출신의 유학생 등 다국적, 다민족 학생들이 참가하고 있다.

---

68 2005년 당시 일본에 거주하고 있는 조선족은 약 3만여 명으로, 이중 유학생이 5천명에 달하는 것으로 보아 유학생의 진출이 활발했던 것을 알 수 있다. 통일뉴스, 2005.03.23.

④ 연변1중일본학우회

연변1중일본학우회는 2016년 11월 5일에 도쿄에서 창립기념 모임을 개최하고 학우회를 설립했다. 연변1중일본학우회는 해외에서 첫 번째 학우회 결성이라는 의의를 가지고 있다. 학우회의 주요 활동은 기술교류, IT, 배구, 등산, 축구, 골프 등 6가지 동호회를 구축하고, 매년 정기적인 기념행사를 개최할 계획이다.[69]

(2) 전문 연구자 커뮤니티: 일본조선족연구학회

재일조선족의 전문 연구단체인 일본조선족연구회는 1999년 1월에 중국의 일본 유학생 중 조선족연구자 6명이 중심이 되어 중국조선족연구회를 설립하였다. 이후 일본조선족연구회는 조선족 연구자, 일본인 연구자, 재일코리안 연구자 등이 참여하여 2007년 12월 8일에 일본조선족연구학회로 확대, 개편되었다.

일본조선족연구회는 2001년에 처음으로 천지협회와 연변대학일본학우회와 공동으로 '제1차 재일본 중국조선족 국제심포지엄'을 개최하여 일본사회의 주목을 받았으며, 2005년 11월에는 일본의 연구자뿐만 아니라 중국, 한국의 전문연구자도 참가하여 제2차 심포지엄을 개최하여 국제적 네트워크를 구축하였다.[70]

(3) 기업인 커뮤니티: 세계한인무역협회 일본 치바지회

세계한인무역협회 일본 치바지회는 일본 지역에 있는 5개 지회 가운데 유일하게 조선족경제인으로 이루어진 단체이다. 치바지회는 2006년 9월에 설립되어 현재 120여 명의 회원들이 IT, 무역, 교육, 서비스 등 다양

---

69 http://hljxinwen.dbw.cn/system/2016/11/07/001146048.shtml(검색일: 2017.05.20.)

70 길림신문, 2013.03.27.

한 분야에 걸쳐 일하고 있다. 이들은 일본 내 사업도 하고 있지만 일-중, 일-한, 그리고 한-중-일 3국이 연계되는 비즈니스를 하는 글로벌 기업 활동을 전개하고 있다.[71] 또한 치바지회는 조선족사회의 발전과 미래 인재를 육성하기 위해 차세대 글로벌 창업 무역스쿨을 매년 정기적으로 운영하고 있다.

(4) 여성 커뮤니티: 재일조선족여성회

재일조선족여성회는 일본의 조선족 여성들이 일상생활에 안정적으로 적응하고, 여성이 주체가 되어 일본사회에서 취직, 사업, 육아, 친목 등 다양한 고민과 문제를 해결하는데 도움을 제공하기 위해 설립되었다. 2008년 2월 10에 설립된 재일조선족여성회는 여성들의 친목 및 교류 증진과 더불어 어린이들에게 동화 들려주기, 우리말 가르치기, 색종이 접기 등의 프로그램을 운영하고 있다. 아울러 어른들을 위한 일본 전통복장 기모노 입기 체험, 꽃꽂이, 일본인 생활 체험, 일본사회 자원봉사, 조선족 여성 스포츠 활동 등 다양한 활동을 전개하고 있다. 특히 재일조선족여성회는 다양한 '배움교실'을 운영하고 있는데, 요리교실, 한글교실, 중국어교실, 무용교실, 꽃꽂이교실 등이 대표적이다.[72]

(5) 민족교육 커뮤니티: 샘물한글학교

샘물한글학교는 재일조선족여성회가 2008년부터 조선족 2세들에게 한국어와 한국의 역사문화를 가르치는 주말학교로 운영해왔다. 이 학교는 재일조선족여성회가 운영해왔던 '어린이우리말교실'을 2016년에 샘물한

---

71 홍콩한인상공회 홈페이지: http://kocham.hk/xe/index.php?mid=home(검색일: 2017. 05.20.)

72 재일조선족여성회 홈페이지: http://www.jckwomen.com/news(검색일: 2017.05.20.)

사진 3.7 일본 도쿄 샘물학교의 10주년 기념식 장면[73]

글학교로 명칭을 변경하였다. 2008년 당시 10명이었던 학생들이 2016년에는 130여 명에 달할 정도로 성장하고 있다. 샘물한글학교는 교사 8명과 직원 등 10여 명이 격주 일요일마다 한국어, 한국 역사 · 문화 · 전통 풍습 등을 가르치고 있으며, 2013년부터는 중국어 수업도 추가하여 운영하고 있다.

샘물한글학교는 조선족 2세들이 일본에서 나고 일본학교에 다니면서 일본인에 가깝게 성장하면서 민족교육과 정체성에 관한 문제가 등장하자, 자녀들의 교육문제와 정체성 확립을 위한 차원에서 운영되고 있다는 점에서 의의가 있다. 이러한 맥락에서 2015년 12월에 한국 재외동포재단의 재외교육기관으로 인정되었다.

73 출처: http://homepy.korean.net/~izumischool/www/

(6) 스포츠 커뮤니티: 재일조선족축구협회

재일조선족사회에서 조선족 축구팀이 결성되기 시작한 것은 2000년대에 들어서 부터이다. 2001~2002년 동경에 거주하고 있던 조선족들이 주도하여 백두산 천지팀과 동북아청년연합회 축구팀이 정식으로 결성되었다. 이후 도쿄를 중심으로 몇 개 팀이 결성되면서 보다 유기적이고 통합적인 관리가 요구되었고, 각 팀간의 교류를 증진하고 조선족의 생활체육 활성화를 도모하기 위해 2007년에 재일조선족축구협회를 결성하기에 이르렀다. 재일조선족축구협회는 연중행사로 봄, 가을에 재일조선족 축구대회를 개최하고 있으며, 협회에 공식적으로 등록한 11개 팀[74]에서 올스타 멤버를 선정하여 해외에서 개최되는 전 세계 한민족 축구대회에 참가하고 있다. 협회는 재일조선족 각 단체와 연합하여 2015년부터 온 가족이 함께 하는 재일조선족 체육대회를 개최하고 있다.[75]

(7) 문화 커뮤니티: 일본조선족문화교류협회

일본조선족문화교류협회는 2017년 2월 22일에 일본의 일반사단법인으로 정식 설립되었다. 일본조선족문화교류협회는 민족문화의 교류와 협력을 활성화하기 위해 일본뿐만 아니라 중국, 한국, 러시아, 미국 등 세계 속의 조선족들과 공동으로 다양한 문화행사를 개최하는데 집중하고 있다.[76] 향후 행사계획을 보면, 2017년 6월 30일 일본조선족노래자랑, 2017년 12월 23일 망년회, 2018 년 5월 일본조선족장기자랑, 2018 년 1월 중일한 민족복장쇼, 2019년 5월 일본조선족부부노래자랑, 2019년 10월 일본조선족어린이장기자랑, 2020년 5월 올림픽 개최 기념 세계조선족 대잔

74 재일조선족축구협회에 등록된 팀은 HANA(シニア), 東青聯, SHIMTO, SKYNET, OASIS, 寧古塔, GOLDEN TIME, Yanbian 97, K&K 등이 있다.

75 재일조선족축구협회 홈페이지: http://www.kcjfa.com(검색일: 2017.05.20.)

76 일본조선족문화교류협회 홈페이지: http://jkce.org/index.html(검색일: 2017.05.20.)

치 등을 계획하고 있다.[77]

(8) 온라인 커뮤니티: 쉼터

재일조선족들은 오프라인뿐만 아니라 온라인 공간에서도 커뮤니티를 구축하여 활동하고 있다. 대표적인 온라인 커뮤니티로는 쉼터(http://shimto.com), 나가자(http://www.nagaza.com), 느낌(http://www.nukim.com) 등이 있다.[78] 쉼터는 일본에 거주하고 있는 조선족들의 친목 및 상호 정보교류를 목적으로 온라인 공간에서 운영되는 커뮤니티이다. 2002년 9월에 개인이 운영하는 홈페이지를 바탕으로 시작되었다. 쉼터의 현재 회원수는 15여만 명에 달하며 일일 방문자수는 평균 7만 명, 페이지뷰는 100만 회에 이르고 있다.

쉼터는 단순 친목뿐만 아니라 뉴스, 구인구직, 부동산정보, 비자업무, 쉼터마켓 및 쉼터물산, 영화 및 드라마 등 다양한 정보를 공유하는 포탈사이트로 발전하고 있다. 2007년 1월부터 현재와 같은 웹사이트로 리뉴얼되어 공식 운영되기 시작했으며, 2008년 7월 20일에는 광동쉼터 지역정보사이트를 구축하여 운영하고 있다. 구체적인 발전과정을 요약하여 제시하면 아래와 같다.

표 3.2 쉼터의 연혁

연도	주요 내용
2002년 9월 3일	개인 홈페이지를 바탕으로 운영
2002년 12월 27일	국제도메인 shimto.com 획득
2003년 1월 1일	shimto.com 도메인 공식 사용

---

77 쉼터 홈페이지: http://shimto.com/bbs/board.php?bo_table=news&wr_id=16814(검색일: 2017.05.20.)

78 통일뉴스, 2005.03.23.

연도	주요 내용
2003년 9월 11일	쉼터 사이트 리뉴얼
2004년 10월 1일	주식회사 ADRC에서 회선 제공
2004년 11월 23일	일본 NTT 전용회선을 사용한 독립 서버 운용
2005년 5월 7일	인터넷 광고 도입
2005년 11월 28일	메모장 기능 추가
2006년 11월 10일	서버교체 및 xeon3*2 서버 증설
2007년 1월 1일	재일조선족포탈사이트 공식 오픈
2007년 10월	쉼터 오픈 5주년 우리노래대잔치 진행
2008년 3월	쉼터 사이트 리뉴얼
2008년 7월 20일	광동심터 지역정보사이트 오픈
2014년 5월	쉼터 사이트 웹표준화 리뉴얼 오픈
2014년 6월	모바일쉼터 오픈 및 쉼터물산 리뉴얼 오픈

출처: 쉼터 홈페이지: http://shimto.com/service/info.php#(검색일: 2017.05.20.)

① 쉼터 웹사이트의 구성과 활동

쉼터 웹사이트는 크게 〈News〉, 〈커뮤니티〉, 〈정보광장〉, 〈포토이야기〉, 〈영화드라마〉, 〈쉼터물산〉 등으로 구성되어 있다. 각 항목별 구체적인 서비스 영역을 보면 〈표 3.3〉와 같다.

표 3.3 쉼터 웹사이트의 콘텐츠

구분	주요 서비스 항목
뉴스	최신뉴스
커뮤니티	자유토크, 가정육아, 일본체험기, 질문답변, 오작교 모임행사: 축구연합회, 배구연합회, World-OKTA치바지회, 여성회, 골프 등
정보광장	구인구직, 부동산정보, UR세집정보, 쉼터마켓, 비자법률
포토이야기	오늘의 요리, 회원사진, 애기사진, 사진갤러리
영화드라마	영화, 드라마, 오락프로, 다큐시사, 어린이TV, 연변소품
쉼터물산	쉼터물산

구분	주요 서비스 항목
인터넷 배너광고	한국 · 중국 · 일본방송, 진달래, 千里香, 鑫味城, 延鄉閣, 爱住不动产, ㈜일본신일국제물류, 아리랑여행사, 천지여행사, 경해여행사, JUST트래블
제휴사이트	연변TV방송국, zoglo.net, 길림신문, 韓터, 흑룡강신문, 연변일보

좀 더 구체적으로 쉼터 웹사이트의 항목별 내용을 살펴보면, 〈News〉에서는 재일본조선족의 주요단체의 활동과 현안, 각종 행사 등을 홍보하고 있다. 〈커뮤니티〉에서는 웹사이트 이용자들이 상호 대화하고 소통하는 채널로써, 전반적으로 일상생활과 관련되거나 일본사회에서 생활 수기 등을 공유하고 있다. 〈정보광장〉에서는 주로 구인구직 활동, 부동산정보, 비자업무 등에 관한 정보를 공유하고 있다. 그러나 일부 항목에서는 사설토토나 경마관련 사이트 홍보가 넘치는 것으로 보아 잘 관리되지 않고 있음을 알 수 있다. 〈포토이야기〉에서는 음식관련 사진이나 회원들의 사진, 회원 자녀들의 사진, 일상적인 사진 등을 게시하여 서로 공유하고 있다. 〈영화드라마〉에서는 영화, 드라마, 오락프로, 다큐시사, 어린이TV, 연변소품 등에 관한 자료를 게시하고 있다. 특히 영화, 드라마, 오락프로, 다큐시사,

그림 3.1 쉼터 웹사이트 초기 화면

그림 3.2 온라인 쇼핑몰 – 쉼터물산 웹사이트

어린이TV 등은 한국에서 제작된 방송들을 소개하고 있다.

〈쉼터물산〉(http://shimto.com/shop)은 온라인 쇼핑몰로써 다양한 제품들을 판매하고 있다.

이외에도 쉼터 웹사이트는 인터넷 배너광고를 게시하고 있다. 한국 · 중국 · 일본방송, 진달래, 千里香, 鑫味城, 延鄉閣, 爱住不动产, ㈜일본신일국제물류, 아리랑여행사, 천지여행사, 경해여행사, JUST트래블 등이다. 또한 쉼터 웹사이트는 'Shimto Wechat'과 연변TV방송국, zoglo.net, 길림신문, 韓터, 흑룡강신문, 연변일보 등 링크를 통해 이용자들에게도 다양한 서비스를 제공하고 있다.

② 쉼터 웹사이트에서 조선족의 활동

쉼터 웹사이트에서 일본 조선족들이 어떻게 활동하고 있는지 살펴보기 위해 대표적으로 상호작용 서비스를 하고 있는 〈커뮤니티〉 항목을 대상으로 살펴보고자 한다.

첫째, 자유토크 게시판에서 조선족의 활동을 보면 다음과 같다. 2016

33584	환전 송금에 대해 N	밝은희망	05.25	4
33583	상해 일식 이사업체 웅이네포장이사 입니다	웅이네이사	05.24	22
33582	부가세 매입자료 있습니다	그리밀	05.24	23
33581	creo2.0	겨울	05.20	26
33580	东京接送机	**2020**	05.19	56
33579	东京接送机	**2020**	05.19	32
33578	일본초보 알려주세요	추몽	05.18	76
33577	买机票,省钱多,拿好礼,服务好,首选大安国際旅行社 1	**LXGE**	05.18	50
33576	인터넷황금성▼■온라인릴게임▷■생방송카지노주소 하는곳오션파라다이스온라인경마	**dfhdfh**	05.16	37
33575	라이브바카라사이트 ゆ B B K 5 4 4 , COMを 스타카...	**regtery**	05.16	37
33574	좋은바카라사이트☆◎바다이야기연타◐○오리지날릴게임 온라인손오공게임온라인백경	**fgfghhg**	05.16	40
33573	(급)려권 바꾸는데 걸리는 시간... 2	쉼터에서	05.15	88
33572	在日需要各种互助各种特价机票等信息的各位,请备个份记一下这条信息... 5 HOT	**LXGE**	05.06	102
33571	바카라라이브て BBK544,COMけ 바카라전략	**yuikrtyjurtj**	05.05	52
33570	중국국적인데 일본에서 영주권 입니다 한국 광강갈려면 영사관에 가서 비자 신청... 2 HOT	행복한 사람	05.04	193
33569	도움 요청 3 HOT	강아지7	05.04	198

그림 3.3 쉼터 웹사이트 – 질문답변 게시판

년 6월 10일에 첫 번째 글이 게시된 이후 현재까지 1,780건의 글이 게시되었다. 비록 이 공간은 자유롭게 글을 게시하는 공간이기는 하지만 사설배팅토토사이트나 카지노사이트, 폰팅사이트 등이 게시되어 있어 관리가 필요할 것으로 보인다.

둘째, 가정육아 게시판을 살펴보면, 현재까지 총 72,728건의 글이 게시되어 있다. 전반적으로 가정생활에 필요한 일상용품 정보, 피부미용에 관한 정보, 육아에 관한 정보 등 다양한 정보들을 공유하고 있다.

셋째, 일본체험기 게시판을 살펴보면, 이용자들이 일본에서 생활하면서 겪는 다양한 에피소드를 게시하고 있다. 그러나 이 게시판에서도 앞서 지적했듯, 사행성을 조장하는 사이트들이 무분별하게 게시되어 있다.

넷째, 질문답변 게시판을 살펴보면, 현재까지 총 33,584건의 글이 게시되어 있다. 주로 환전송금, 일본 생활정보, 비자신청 및 갱신, 일자리 문의, 번역, 여행 등 다양한 분야에 대한 질문과 답변이 이루어지고 있다.

다섯째, 오작교 게시판은 남녀 회원간의 좋은 인연을 맺어주는 공간이다. 견우와 직녀로 나누어 회원들의 정보를 게시하여 인연맺기 활동을 하고 있다.

마지막으로, 모임행사 게시판은 축구, 배구, World-OKTA 치바지회, 여성회, 골프 등 조선족단체의 모임 및 행사에 관한 정보를 게시, 공유하고 있다.

Ⅳ

고려인의 신 이주와 초국가적 삶

1. 고려인의 한국 이주와 정착

1) 외국인 집거지의 개념과 유형

일반적으로 이주자들은 거주국에서 먼저 자리를 잡고 있는 가족, 친척, 친구 등이 중심이 되어 형성된 '초국가적 이주 네트워크'를 활용하여 이주를 하게 된다.[1] 이러한 네트워크를 기반으로 이주자들은 특정지역에 밀집 거주하게 되고, 음식점 · 상가 · 지원단체 · 종교시설 등 일상생활 및 사회적응에 필요한 기초 인프라를 구축한다. 이와같이 외국인 이주자들의 생활공간 및 인프라 등이 공간적으로 집적하여 형성된 곳을 외국인 집거지라 한다.[2] 외국인 집거지는 거주국사회에서 이주자들 간 정보교환의 장이 되고, 공간적 치환에 따른 신분상의 불안정과 적응과정에서 갖는 스트레스를 해소하는 데 도움이 된다.

외국인 집거지에 대한 개념은 다음과 같이 정리해 볼 있다. 먼저, 주류사회에 적응하지 못한 소수민족집단들이 독자적인 생존전략으로 비공식적인 영세한 규모의 자영업에 집중하면서 형성되는 사회적 · 경제적 공동체를 의미한다.[3] 또한 집단 특유의 문화적 정체성과 경제생활이 함께 이루어지는 지리적으로 제한된 공간으로 이해할 수 있다.[4] 이처럼 외국인 집거지는 거주국의 특정지역을 기반으로 이주자들이 경제적, 사회적, 문화적 생활을 향유할 수 있는 생활인프라가 구축되어 있는 공간이라 할 수 있다.

카슬과 밀러(Castles and Miller)의 연구에 따르면, 이주의 역사가 오래된

---

1 김경학(2014), p. 267.

2 박세훈 · 이영아 · 김은란 · 정소양(2009), p. 20.

3 권상철, "미국 대도시지역 동양계 동족경제의 특성에 관한 연구: 뉴욕과 로스엔젤레스의 비교,"『한국지리환경교육학회지』, 제6권 1호, 1998; 박세훈 · 이영아 · 김은란 · 정소양(2009), p. 20. 재인용

4 Abrahamson(1996), pp. 781-782; 김경학(2014), p. 271. 재인용

선진국에서 외국인 집거지는 크게 네 단계를 거치며 형성되는 것으로 본다.[5] 첫 번째 단계는 젊은 임시노동자들이 개인적, 개별적으로 유입되는 단계이다. 두 번째 단계는 젊은 임시노동자들의 거주국 체류기간이 늘어나면서 출신지역별로 상호부조를 위한 네트워크가 형성되는 단계이다. 세 번째 단계는 이민공동체 중심의 조직이 출현하고 상점 및 직업이 등장하고 거주국과의 관계가 점차 밀접해지는 단계이다. 마지막 단계는 외국인 집거지가 영구적인 정착지로 발전하여 거주국의 정책과 여건에 따라서 시민권을 획득하거나 혹은 정치적인 배제 속에서 소수민족집거지로 남는 단계이다. 이러한 외국인 집거지의 형성 과정을 한국의 상황에 적용시켜 보면, 외국인의 국내 유입이 비교적 짧은 역사를 가지고 있으며 출신 국가별로 매우 다양하기 때문에 순차적으로 이루어지기보다는 복합적이면서, 압축적으로 진행되고 있다.[6] 예컨대, 서울의 서래마을이나 동부이촌동은 가족 또는 친족 중심으로 집거지를 형성하고 있으며, 인천의 차이나타운이나 서울의 조선족타운은 자체상권을 가지고 경제 인프라를 구축한 단계에 있다.

외국인 집거지가 형성되는 환경에는 크게 세 가지로 살펴볼 수 있다.[7] 첫째, 특정 장소가 역사적 또는 장소 특수적 조건으로 인해 외국인 이주자들에 대한 문화적, 경제적 진입 장벽이 상대적으로 낮은 경우이다. 둘째, 지리적 요인으로 인근지역에 공단이 있거나 집값이 상대적으로 저렴하고 교통이 편리한 환경이 조성된 경우이다. 셋째, 이주민들이 모여 살면서 사회 · 경제적 네트워크를 형성하고, 이를 바탕으로 더 많은 이주민들을 유

---

5 Castles and Miller, *The Age of Migration: International Population Movements in the Modern World*(New York: The Guildford Press, 2003); 박세훈 · 이영아 · 김은란 · 정소양(2009), p. 21. 재인용

6 공윤경, "다문화공간에 대한 이중적 시선과 차별화", 『한국민족문화』, 제48집, 2013, p. 8.

7 정기선 외(2012), p. 7; 박세훈 · 이영아 · 김은란 · 정소양(2009), p. 21.

인하는 연쇄이주가 일어난다. 이러한 배경에 의해 형성된 외국인 집거지는 동일한 민족출신의 이주민들이 다양한 수준의 커뮤니티를 구축하고, 원주민을 비롯한 다른 민족출신의 이주민들과 사회적 관계를 형성해나가는 다민족 · 다문화적 공간으로 발전해간다.

한편, 외국인 집거지의 기능에 관해서는 선진국뿐만 아니라 한국에서도 주요 논쟁사항이 되고 있다. 먼저, 긍정적 측면에서 외국인 집거지는 이주자들이 지역사회에 안정적으로 적응, 정착하는데 유용한 플랫폼이 된다. 아울러 외국인 집거지는 도시의 경쟁력을 강화하기 위한 자원으로 활용되며, 도시브랜딩 및 마케팅의 중요 대상이 되고 있다.[8] 다음으로, 부정적 측면에서 외국인 집거지는 미국의 일부 사례에서 발견되는 것처럼 범죄와 실업이 고착화되어 사회적 통합을 저해하는 위험지역이 되기도 한다.[9] 한국사회에서 외국인의 증가와 외국인 집거지의 형성은 외국인 범죄 발생의 증가에 영향을 미치고 있다.[10] 그러나 우리 사회의 일부 언론에서는 외국인의 범죄현상을 지나치게 부각시켜 외국인 범죄가 급증한다거나 외국인들이 모두 범죄 예비자인 것처럼 사회불안을 조장하기도 한다. 한 연구결과에 따르면, 외국인의 범죄 발생률은 아직까지 내국인의 범죄 발생률보다 낮은 것으로 조사되었다.[11] 구체적으로 검찰청의 2014년 범죄분석 통계자료에 따르면, 외국인의 범죄율은 1.6%인 반면, 내국인의 범죄율은 3.7%로 나타났다.[12] 외국인 범죄 증가의 배경에는 무엇보다 우리 사

---

8 공윤경(2013), pp. 16-17.

9 박세훈(2010), p. 73.

10 국내 체류 외국인 범죄 증가 현황을 보면, 2010년데 2만 2,543명, 2011년에 2만 6,915명, 2012년에 2만 4,379명, 2013년에 2만 6,663명, 2014년에 3만 684명 등으로 매년 증가하고 있는 추세이다. 한국일보, 2015.08.25.

11 최영신 · 강석진, 『외국인 밀집지역의 범죄와 치안실태 연구』, 한국형사정책연구원, 2012, p. 19.

12 프레시안, 2016.05.29.

회의 다문화 수용성이 상대적으로 낮은 데에서 비롯된다.[13] 한국사회의 외국인 이주자에 대한 인식은 미국, 일본과 같은 선진국 출신에 대해 상대적으로 우호적인 반면, 중국이나 동남아시아 지역 출신 외국인에 대해서는 부정적인 태도를 가지고 있다.[14] 따라서 다민족, 다문화사회로 진입한 한국사회는 원주민의 이주민에 대한 부정적 인식을 개선하고 다문화 수용성을 높이기 위해서 다문화교육 강화 및 사회통합 프로그램을 적극 운영해야 한다. 아울러 한국사회에 거주하고 있는 외국인들 또한 한국의 언어 및 문화를 이해하는데 노력해야 하고, 지역에 거주하고 있는 원주민들과 친밀한 관계를 형성하는데 적극 나서야 할 것이다.

2) 외국인의 이주와 집거지 형성

한국에 거주하고 있는 외국인 이주자들은 2017년 1월 현재 총 2,013,789명이며, 체류자격별로 보면, 외국인등록자 1,150,610명, 외국국적동포 국내거소 신고자 370,980명, 단기체류자 492,189명이다. 국적별로는 중국 50.8%(1,022,637명), 베트남 7.4%(148,950명), 미국 6.8% (136,887명), 태국 4.7%(94,335명), 필리핀 2.7%(54,518명) 순이다. 구체적으로 한국 체류 외국인의 연도별 추이를 보면 〈표 4.1〉과 같다.

---

13 세계가치관조사(World Values Survey) 결과에 따르면, 한국 성인은 다른 인종을 이웃으로 받아들이는데 거부감을 느낀 비율이 34%로 나타나, 전체 평균 19%보다 높은 것으로 조사되었다. 한국의 다문화수용성은 전체 59개국 가운데 51위를 차지했다. 연합뉴스, 2015.08.20.

14 김영란, "다문화사회 한국의 사회통합과 다문화주의 정책", 『한국사회』, 제14집 1호, 2013, p, 17.

표 4.1 한국 체류 외국인 연도별 증감 추이

연도	총계	장기체류			단기체류
		소계	등록	거소신고	
2006년	910,149	660,607	631,219	29,388	249,542
2007년	1,066,273	800,262	765,746	34,516	266,011
2008년	1,158,866	895,465	854,007	41,457	263,402
2009년	1,168,477	920,887	870,636	50,251	247,590
2010년	1,261,415	1,002,742	918,917	83,825	258,673
2011년	1,395,077	1,117,481	982,461	135,020	277,596
2012년	1,445,103	1,120,599	932,983	187,616	324,504
2013년	1,576,034	1,219,192	985,923	233,269	356,842
2014년	1,797,618	1,377,945	1,091,531	286,414	419,673
2015년	1,899,519	1,467,873	1,143,087	324,786	431,646
2016년	2,049,441	1,530,539	1,161,677	368,862	518,902
2017년 1월	2,013,779	1,521,590	1,150,610	370,980	492,189

출처: 출입국 · 외국인정책본부(2017), p.14.

외국인 등록자(1,150,610명)의 지역별 분포 현황을 보면, 경기도에 370,486명, 서울에 271,903명, 경남에 79,743명, 인천에 58,636명, 충남에 63,372명, 경북에 50,724명, 부산에 41,349명, 충북에 35,120명, 전남에 31,202명, 울산에 23,058명, 대구에 26,236명, 전북에 26,875명, 광주에 19,697명, 제주에 19,731명, 대전에 16,831명, 강원에 15,647명이다. 이러한 사실에서 한국에 거주하고 있는 외국인 이주자들은 주로 수도권 지역(701,025명, 60.9%)에 집중 거주하고 있음을 알 수 있다. 구체적으로 지방자치단체별 거주 현황(상위 10개 지역)을 보면, 외국인 수가 가장 많은 지역은 경기도 안산시 단원구로 43,751명이다.[15] 다음으로 서울시 영등포구

15 한국의 행정자치부는 외국인 주민 수 1만 명 이상, 인구 대비 비율 5% 이상일 경우 외국인 주민 집중 거주지역으로 분류하고 있다. 2015년 현재 외국인 집거지는 전국 57개 시 · 군 ·

35,717명, 화성시 34,477명, 서울시 구로구 31,779명, 시흥시 31,091명, 부천시 20,314명, 평택시 19,759명, 경남 김해시 18,263명, 서울시 금천구 19,103명, 서울시 관악구 18,576명 순이다.[16] 이처럼 특정지역에 외국인 이주자들이 자신들만의 집거지를 형성하게 된 것은 그 지역의 특성과 밀접하게 연관되어 있다. 이른바 주변지역에 공단시설이 인접하여 상대적으로 많은 일자리를 확보하고 있거나, 저렴한 주거비용, 편리한 교통시설을 갖추고 있다. 아울러 이 지역에 먼저 정착한 이주자들이 모국의 가족이나 친척, 친구들과 정보 공유로 이들이 연쇄이주하여 유입되고 있기 때문이다.[17]

한국의 외국인 집거지 형성의 역사적 과정을 간략히 살펴보면, 19세기에 인천과 부산지역에 화교들의 조계지가 성립되면서 차이나타운이 형성되었다. 일제식민지 시기에는 일본인들이 서울의 충무로 및 용산, 부산의 중구 광복동, 인천의 중구 중앙동, 목포시 유달동, 전북 군산시 신흥동 등을 중심으로 집거지를 형성하였다.[18] 1945년 해방 이후부터 1960년대까지 서울 용산구의 이태원동과 이촌동에는 주한미군들이 집중 거주하였으며, 서울 서초구의 반포동 서래마을은 1985년 주한 프랑스학교가 이곳으로 이전하면서 프랑스인들이 집중 거주하는 곳으로 발전하였다. 1990년대 이후에는 중국과 동남아시아 지역의 사람들이 유입되기 시작했으며, 특히 2004년 고용허가제와 2007년 방문취업제가 실시되면서 외국인 노동자가 급증하면서 수도권을 중심으로 외국인 집거지가 형성되고 있다. 중국조선족은 구로구의 가리봉동과 영등포구의 대림동 등에 집중 거주하

구에 이르고 있다. 이중 경기도에 20개, 서울특별시에 17개로 수도권지역에 집중적으로 거주하고 있다.

16 출입국 · 외국인정책본부(2017)

17 최병두(2012), pp. 18-19.

18 김윤영, 『국내체류 외국인 밀집지역 치안확보 방안』, 치안정책연구소, 2012, p. 20.

고 있으며, 종로구의 혜화동과 창신동은 필리핀과 네팔인의 거리가 형성되어 있다. 중구의 광희동은 몽골과 중앙아시아 지역 이주노동자들이 밀집 거주하고 있다. 경기도 안산시 원곡동은 대규모 외국인 집거지가 형성되어 있으며, 선부동은 중앙아시아 지역에서 이주해 온 고려인들이 집중 거주하고 있다.

표 4.2 한국 내 외국인 집거지 유형

유형	입지조건 및 특징	주요 집거지역
산업단지 주변 노동자 거주지	대규모 산업단지, 영세업체 공단 주변지역 대상: 조선족, 동남아출신 노동자	경기도 안산시 원곡동, 시흥시 정왕동, 대구시 달서구 등
대도시내 값싼 주택지	저렴한 임대료와 편리한 교통지역 대상: 일용직, 간병인 등에 종사하는 조선족	서울시 구로구 가리봉동, 영등포구 대림동, 관악구 봉천동 등
군사시설 주변 지역	주한미군 부대 주변 대상: 주한미군	서울시 용산구, 경기도 평택과 오산 등
종교시설 주변지역	성당, 이슬람사원 등 종교시설 주변지역 대상: 무슬림, 천주교 신자(필리핀인)	서울시 용산구 이태원동 이슬람사원, 종로구 혜화동 성당
전문인력의 고급 주택지	대사관직원, 외국인회사 임직원, 외국인 학교 주변 지역 대상: 프랑스인, 일본인	서울시 서초구 반포동 서래마을, 이촌1동 일본인 마을 등
유학생 대학교 주변지역	유학생 학교, 연구원 근무지 주변지역	대전 대덕연구단지, 청주대학교 주변, 서울시 자양동 등

출처: 김윤영(2010), p.22.

한국에 형성되어 있는 외국인 집거지의 유형은 산업단지 주변 노동자 거주지, 대도시내 값싼 주택지, 군사시설 주변 지역, 종교시설 주변지역, 전문인력의 고급 주택지, 유학생 대학교 주변 지역 등 여섯 가지로 분류해 볼 수 있다. 구체적으로 외국인 집거지 유형의 주요 특성을 살펴보면 위 〈표 4.2〉와 같다.

요약해보면, 한국사회는 초국적 이주가 일상화되면서 외국인 이주자의 유입이 증가하고 특정지역을 중심으로 외국인 집거지가 형성되고 있다. 이들 지역에서는 다양한 외국인의 이색적인 음식 등 문화가 점차 확산되면서 각 나라의 외국인 여행객들이 즐겨 찾는 관광지로 부상하고 있다. 이러한 맥락에서 외국인 집거지는 지역사회의 중요한 문화, 관광자원으로써 지역경제 발전에 기여하는 긍정적인 기능을 가지고 있다.[19] 하지만 일부 지역에서는 외국인들의 유입이 늘어나면서 고성방가, 기초 법 질서 위반, 범죄 등으로 외국인 이주자에 대한 원주민들의 불만이 생겨나는 등 배타적 시선 또한 존재하고 있다.

3) 한국 내 고려인 현황

오늘날 코리안 디아스포라(재외국민과 외국국적동포 포함)는 세계 곳곳에서 7백 4십만여 명이 살아가고 있다. 동북아시아 지역(중국, 일본)에 3,366,656명(45.31%), 북미 지역(미국, 캐나다)에 2,733,194명(36.78%), 유럽 지역에 630,693명(8.49%), 남아시아태평양 지역에 557,791명(7.51%), 중남미 지역에 106,794명(1.44%), 중동 지역에 24,707명(0.33%), 아프리카 지역에 10,853명(0.15%) 등이다.[20] 반면, 한국으로 귀환하여 살아가고 있는 외국국적동포는 858,905명으로 국내 체류 외국인(2,260,392명) 대비 38.0%를 차지하고 있다. 국적별로는 중국이 717,360명으로 전체의 83.5%를 차지하고 있으며, 미국 45,142명(5.3%), 우즈베키스탄 31,662명(3.7%), 러시아 22,500명, 캐나다 16,106명, 카자흐스탄 10,175명, 오스트레일리아 4,613명, 키르기스스탄 2,519명, 뉴질랜드 2,400명 등이다. 체류자격

---

19 공윤경(2013), p. 198.

20 외교부(2017), 「2017 재외동포현황」, p. 14.

별로는 재외동포(F-4) 427,438명, 방문취업(H-2) 246,481명, 영주(F-5) 89,873명, 방문동거(F-1) 31,886명 등이다.[21]

고려인(고려사람)이란 러시아를 비롯하여 우즈베키스탄, 카자흐스탄, 키르기스스탄 등 독립국가연합(CIS)에 살고 있는 재외동포를 말한다. CIS 지역에 거주하고 있는 고려인은 러시아에 163,325명, 우즈베키스탄에 178,607명, 카자흐스탄에 107,169명, 키르기스스탄에 16,957명, 타지키스탄에 638명, 투르크메니스탄에 1,085명, 우크라이나 12,711명 등 약 50여만 명에 이르고 있다.[22] 고려인은 19세기 중반 이후 러시아 극동지역(연해주, 하바로프스크 등)으로 이주해 간 한인들의 후손이다. 당시 한인들은 연해주를 중심으로 지신허, 신한촌 등 한인 집중촌을 형성하였고, 정치지도자들은 한인단체와 언론, 학교 등을 결성하여 항일독립운동을 적극적으로 벌여나갔다. 이후 한인들은 1937년 9월 소련 공산당 서기장인 스탈린의 강제이주 정책으로 우즈베키스탄, 카자흐스탄 등 중앙아시아 지역으로 이주하게 되었다. 소련체제하에서 고려인은 황무지를 개척하여 벼, 면화 농장의 성공을 이끌면서 사회주의 노동훈장을 받는 등 성공한 소수민족으로 자리 잡았다. 반면, 고려인은 소련의 '러시아화' 정책으로 민족의 언어와 문화를 향유하지 못하게 되었고, 거주 이전의 자유 또한 갖지 못한 채 살았다. 1988년 서울 올림픽이 개최되면서 소련 지역에 살고 있는 고려인들은 또 다른 모국을 발견하게 되었고, 현재 일부 고려인들은 한국에 귀환하여 새로운 환경에서 적응, 정착하고 있다.

한국에 귀환한 고려인은 약 6만 6천여 명에 이르고 있다. 이들은 경기도 안산시 · 안성시 · 화성시, 광주광역시, 경상북도 경주시, 경상남도 김해시, 대구광역시, 서울특별시, 인천광역시, 충청남도 아산시 · 천안시, 충

21 법무부(2018), 「출입국외국인정책 통계월보」 4월호, p. 35.

22 외교부(2017)

청북도 진천군과 음성군 등 전국지역에 정착하여 살아가고 있다. 한국으로 귀환한 고려인은 이전의 거주국과 비교하여 매우 다른 체제와 문화 속에서 살고 있다. 소련시기에는 사회주의체제와 러시아민족주의가 지배하는 사회에서 살았으며, 1991년 소련 해체와 중앙아시아국가들의 독립 선언 이후에는 체제전환과 토착민족주의가 지배하는 새로운 환경에 놓이게 되었다. 이러한 환경에 적응하지 못하거나 더 나은 삶을 위하여 고려인들은 자본주의체제와 단일민족주의가 공고한 한국사회에 귀환하여 디아스포라적 삶을 이어가고 있다.

2. 한국 내 고려인의 공동체

1) 광주광역시 고려인마을의 형성

광주광역시 광산구 월곡동은 우산동과 산정동 일부를 포함하여 하남으로 알려진 지역이다. 하남산업단지는 1981년부터 조성되기 시작했으며, 서남권 내륙지방의 최대 지방산업단지로 총면적 5,967천㎡의 부지에 기계금속, 자동차 및 부품, 섬유, 화학, 전기, 전자부품, 목재, 음식료 등 다양한 업종의 기업이 입주해 있다. 하남산업단지는 평동산업단지와 소촌산업단지, 첨단과학단지와 밀접해 있다.[23] 이러한 연유로 월곡동을 비롯한 우산동과 산정동은 산업단지의 배후 주택단지로 개발되었다. 월곡동은 하남산단의 상업중심지 역할을 하고는 있지만 오래 전에 택지개발이 이루어졌기 때문에 주거환경이 좋은 편은 아니다. 이는 다른 의미에서 상대적으

23 하남산업단지관리공단 홈페이지: http://hanamic.allthru.kr/?doc=sub_01(검색일: 2016.12.12.)

로 집값이 저렴하기 때문에 하남공단이나 평동공단, 소촌공단에 근무하는 외국인 이주노동자들이 밀집 거주하게 되었다.

고려인마을은 광주광역시 광산구 산정공원로 50번길 29(월곡동 516-19)에 위치해 있다. 2000년대 초부터 외국인 이주노동자들을 포함하여 소수의 고려인 이주노동자들이 하남공단과 밀접한 지역인 월곡동과 산정동 곳곳에 터를 잡고 정착하기 시작했다. 2000년대 초반 하남공단 일대의 외국인 노동자들을 대상으로 지원 사업을 벌여 온 이천영목사가 신조야 등 고려인 노동자의 임금문제에 적극 개입하면서 고려인동포 지원 사업이 시작되었다. 2004년 9월에 고려인 20여 명이 중심이 되어 공동체 모임을 만들었고, 2005년 9월에는 신조야씨가 주도하여 상담소를 개설하였다.

표 4.3 광주광역시 고려인마을의 주요 연혁

연도	주요 내용
2000.01	우즈베키스탄 출신 고려인 신나탈리야씨의 임금체불 문제로 고려인 지원사업 시작
2001.04	충남 서천에 살고 있는 딸의 초청으로 신조야씨 한국 입국
2002.06	신조야씨 주도로 어려움에 처한 고려인동포 지원 사업 전개
2003.04	호남권 체류 고려인 초청 왕인박사 유적지 탐방 (45명 참가)
2004.09	고려인 공동체 모임 구성(신조야씨 대표자로 선출)
2005.02	고려인 30가정 광산구 월곡동 고려인마을 정착지 마련
2005.09	고려인공동체 모임 산하 상담소 개소
2006.08	고려인공동체 서울탐방 실시(경복궁, 남산타워, 63빌딩 등)
2007.02	고려인동포 의료지원 사업 실시
2009.01	고려인지원센터 개소
2009.09	고려인교회 설립
2010.06	고려인마을에 한국어학당 개소
2011.06	고려인마을 주민대상 건강검진 실시(광산구 보건소)
2012.02	고려마을주민지원센터 이전 개소
2012.10	고려인마을 어린이집 개원

연도	주요 내용
2013.03	고려인마을협동조합 설립
2013.07	고려인마을 지역아동센터 개소
2013.10	광주광역시 고려인 주민 지원 조례 제정
2013.10	제1회 고려인의 날 행사(매년 10월에 정기적으로 개최)
2014.02	제1차 고려인마을협동조합 정기총회
2014.04	사단법인 고려인마을 설립(법무부)
2015.09	고려인마을종합지원센터 건립
2016.09	고려FM 라디오방송 개국
2016.11	2017 광주 고려인마을 방문의 해 조직위원회 결성
2017.01	바람개비 꿈터 공립지역아동센터 개소
2017.02	고려인마을 관광지도 제작, 배포
2017.03	고려인 강제이주 80주년 기념사업 추진위원회 출범
2017.04	제1회 고려인마을 방문의 날 개최
2017.11	우즈베키스탄 고용노동부장관 방문 제7회 고려인마을 방문의 날 개최
2017.12	고려인 역사유물 상설전시장 개소(전남 담양 달뫼미술관)
2018.01	고려인동행위원회 출범
2018.03	고려인광주진료소 개소

출처: (사)고려인마을 홈페이지((http://www.koreancoop.com) 참조

2009년 1월에 상담소를 확대하여 고려인지원센터를 개소하여 새로 입국하는 고려인들의 한국어 통역을 비롯하여 미취업자들의 숙식 제공과 취업 알선, 각종 애로사항 등 생존문제 해결을 위한 다양한 활동들을 벌이게 되면서 중앙아시아 및 한국의 다른 지역에 있는 고려인들이 유입되기 시작했다. 고려인지원센터 개소 이후, 2009년 9월에 고려인교회 설립, 2012년 10월에 어린이집 개원, 2013년 3월에 고려인마을협동조합 설립, 2013년 7월에 고려인 지역아동센터 개소 등 고려인들의 지역사회 적응에 필요한 다양한 단체가 형성되었다.

2013년 10월에 광주광역시의회는 전국에서 최초로 「광주광역시 고려인 주민 지원 조례」를 제정하였다. 이 조례의 목적은 "광주광역시에 거주하는 고려인 주민들의 지역사회 적응과 권익증진 및 생활안정을 도모하여 자립생활에 필요한 행정적 지원방안을 마련함으로써 이들이 지역사회에 정착할 수 있도록 하는 것"이다. 조례에서 명시된 지원사업의 내용을 보면, 고려인 주민의 처우 개선에 필요한 시책; 한국어 및 기초생활 적응 교육; 고려인 주민에 대한 불합리한 차별 방지 및 인권옹호를 위한 교육·홍보 등; 외국어 통역·번역 서비스 제공 등 고려인 주민이 생활하는데 필요한 기본적 생활편의 제공, 고려인 주민의 건강한 생활을 위한 응급구호 등 보건의료; 고려인 주민을 위한 문화·체육행사; 고려인 주민의 자녀 돌봄 지원; 고려인 주민 지원단체 등에 대한 지원; 그 밖에 고려인 주민의 지역사회 적응을 위하여 시장이 필요하다고 인정하는 사업 등이 있다.[24] 이러한 시의회의 조례 제정과 이에 근거한 광주광역시의 지원은 다른 지역뿐만 아니라 중앙아시아에 살고 있는 고려인들에게 국내 다른 도시보다 생활하기가 좀 더 쉬울 것이라는 기대감을 갖게 했다.

고려인마을은 2013년 10월 20일에 고려인 주민 지원 조례 제정을 기념하고 고려인의 지위향상을 위해 제1회 '고려인의 날' 행사를 개최했다. 이 행사에서는 고려인 및 지역공연단의 축하공연, 고려인 유랑 역사자료 전시, 의료지원 활동, 지역주민과 고려인 전통음식 나누기 등이 이루어졌다. 제1회 고려인의 날을 계기로 매년 10월 셋째 주 일요일에 기념식을 개최하기로 하여 현재에 이르고 있다.

2014년 4월에는 비영리법인인 사단법인 고려인마을이 법무부로부터 허가를 받아 고려인 주민들의 안정적인 적응을 위한 다양한 지원활동을 전개하고 있다. 2014년 7월에 고려인마을은 그동안 고려인지원센터, 어

---

24 자치법규시스템 홈페이지: http://www.elis.go.kr/(검색일: 2016. 12. 12.)

린이집, 지역아동센터 등을 운영하고 있었지만, 시설의 임대료 및 운영비 문제와 더불어 각 사무실이 흩어져 있는 관계로 주민들에게 효율적인 서비스를 제공하기 어렵다는 이유로 '고려인종합지원센터' 설립을 추진하게 되었다. 고려인마을은 광주사회복지공동모금회와 공동으로 '고려인종합지원센터' 설립을 위한 모금활동을 전개하기로 협약서를 체결하고, 2014년 7월부터 2015년 7월까지 모금활동을 전개했다. 그 결과, 광주 지역 유관기관과 기업체 13곳, 시민 30여 명이 참여해 총 1억 8천만 원을 모금하였으며, 한 상가 건물을 매입 · 리모델링하여 2015년 9월 7일에 '고려인마을종합지원센터'를 개소했다. 2016년에는 전국에서 최초로 고려FM 라디오 방송을 개국했으며, 2017년 1월부터 광산구청과 국민은행의 지원으로 기존의 지역아동센터가 공립지역아동센터로 전환되어 운영하고 있다.

요약해보면, 광주광역시 고려인마을은 고려인 주민의 적극적인 지역사회 적응 전략과 함께 지자체의 지원 정책, 그리고 민간사회의 지원 및 후원 활동이 함께 어우러지면서 한국사회에 대표적인 외국인 이주자 집거지로 성장하고 있다.

2) 광주광역시 고려인마을의 공간적 특성

(1) 갈등과 소통, 학습의 장소

행정자치부 2015년도 지방자치단체 외국인주민 현황 자료에 의하면, 광주광역시에 거주하고 있는 외국인은 총 26,536명이며, 광산구에 등록한 외국인 현황은 〈표 4.4〉와 같다.

월곡동(1, 2동) 일대는 조선족과 고려인들이 상대적으로 많이 거주하고 있다. 1992년 한중수교 이후 조선족들이 월곡동을 중심으로 정착하기 시작했으며, 2000년대 중반 이후부터는 우즈베키스탄의 고려인들이 이주하여 정착하였다. 또한 소수이긴 하지만 북한이탈주민들도 함께 거주하고

표 4.4 광주광역시 광산구 국적별 등록 외국인 현황

국적	중국(한족)	조선족	베트남	중앙아시아[25]	남부아시아	캄보디아	필리핀	인도네시아
체류 인원	2,625	1,663	2,295	1,265	846	812	1,083	596
국적	태국	미얀마	미국	일본	몽골	러시아	대만	기타
체류 인원	329	176	155	243	165	110	83	266

출처: 행정자치부,「2015년도 지방자치단체 외국인주민 현황」, 2015.

있다. 그런 점에서 월곡동 일대 고려인마을은 원주민인 한국인을 포함하여 다양한 유형의 한민족들이 살고 있다. 이외에도 남부아시아를 포함하여 동남아지역에서 온 외국인 노동자들이 함께 사는 다민족 · 다문화적 공간으로 변화하고 있다.

외국인 집거지에서 원주민과 이주민간의 갈등은 상호 문화적 차이로 인해 일정기간 동안 불가피한 측면이 있다. 그런 점에서 이질적인 문화가 공존하는 월곡동 일대는 외국인들의 고성방가와 길거리 음주, 쓰레기 무단 투기 등으로 원주민들의 불평이나 부정적 시각이 존재하고 있다. 물론 이러한 문제를 해결하기 위해 고려인마을에서는 깔끔이봉사단과 같은 자생적인 봉사단체를 결성하여 지역 환경정화 활동을 전개하면서 원주민들과 접점을 확장해가고 있다.[26]

25 현재 한국에 거주하고 있는 중앙아시아 지역 출신의 외국인주민 현황을 보면, 총 49,667명이다. 서울특별시에 4,132명, 부산광역시에 1,876명, 대구광역시에 1,368명, 인천광역시에 3,014명, 광주광역시에 1,445명, 대전광역시에 667명, 울산광역시에 1,101명, 세종특별자치시에 230명, 경기도에 15,599명(안산시 5,640명, 화성시 1,677명), 강원도에 727명, 충청북도에 2,535명, 충청남도에 3,940명(아산시 1,566명, 천안시 1,162명) 전라북도에 1,355명, 전라남도에 1,494명, 경상북도에 2,637명, 경상남도 7,402명(김해시 2,217명, 창원시 1,527명, 거제시 1,240명), 제주특별자치도에 145명 등이다. 행정자치부 홈페이지: http://www.moi.go.kr/frt/bbs/type001/commonSelectBoardArticle.do?bbsId=BBSMSTR_000000000014&nttId=46327(검색일: 2016.12.12.)

26 김경학(2017), p. 274.

특히 월곡동 일대에 거주하고 있는 조선족과 고려인간의 관계는 좀 더 특수적이라 할 수 있다. 같은 한민족이라는 공통점을 가지고 있지만, 다른 한편으로는 상호 경쟁 내지는 갈등적 관계에 놓여 있다. 예컨대, 이들은 취업 면에서 제한된 기회를 놓고 경쟁해야만 한다. 최근의 추세를 보면, 조선족들이 비자만료로 고향으로 돌아가거나 좀 더 나은 다른 지역으로 이동하는 양상을 보이고 있다.[27] 이러한 결과는 한국의 사업주들의 이해관계와 밀접히 연관되어 있다. 즉, 사업주들은 한국어 수준이 높은 조선족보다는 비록 한국어 소통이 어렵지만 일 잘하고, 말 잘 듣는 고려인들을 더 선호한다는 사실이다.[28] 이와 더불어 월곡동 일대에 거주하고 있는 조선족들은 고려인에 비해 내적 단결이 잘 이루어지지 않은 편이다.[29] 반면, 고려인들은 자생적인 단체들을 결성하면서 결속력을 높이고 있으며, 광산구를 비롯한 광주광역시 등의 지자체와 시민단체, 언론 등과의 교류활동을 적극적으로 펼치고 있다. 특히 광주광역시 광산구는 2013년부터 전국 최초로 '외국인주민 명예통장제'를 운영하고 있다. 현재 중국, 필리핀, 베트남, 캄보디아, 몽골, 태국, 우즈베키스탄, 러시아 등 8개국 출신 10명의 외국인주민이 명예통장으로 활동하는데, 자국 출신 주민들에게 정보를 전달할 뿐만 아니라 이들의 의견을 모아 구청에 전달하는 역할을 수행한다. 즉 이들은 외국인주민과 행정의 가교 및 대표자 역할을 하고 있다.[30]

월곡동을 포함한 광산구 지역[31]은 외국인 이주노동자와 결혼이주여

---

27 이○(조선족/여성/양꼬치가게 운영), 인터뷰일자: 2016년 12월 10일

28 장○○(북한이탈주민/남), 인터뷰일자: 2016년 12월 10일

29 이○(조선족/여성/양꼬치가게 운영), 인터뷰일자: 2016년 12월 10일

30 광주광역시 광산구(2016), p. 13.

31 광주광역시 광산구는 광주시 외국인주민의 47.9%가 거주하고 있는 지역이다. 결혼이주여성도 광주시 전체의 40%가 살고 있어 5개 자치구 중 가장 많다. 이러한 이유로 광산구는 2012년에 다문화정책팀을 신설하여 운영하고 있다. 광산구에는 광산구청 주변을 중심으로 중국 · 태국 · 캄보디아 음식점들이, 고려인마을이 있는 월곡동은 러시아나 우즈베키스탄의

성들이 많이 거주하고 있는 관계로, 특정기일에 기념행사나 축제 등 다양한 문화행사가 개최되고 있다. 먼저, 고려인마을은 2013년 10월에 제1회 고려인의 날 행사를 개최한 이래 매년 10월 셋째 주 일요일에 정기적으로 개최하고 있다. 이 행사는 고려인 주민들 간 교류뿐만 아니라 지역주민과 소통의 기회를 마련하기 위한 취지에서 시작되었으며, 광주광역시와 대한적십자사 광주전남지사의 후원으로 기념행사를 치르고 있다. 그러나 이 행사는 지자체를 비롯한 유관기관, 학계 전문가 등이 초청되는 등 지역내 원주민들과의 교류 및 소통에 일정한 한계를 가지고 있다. 이러한 문제를 해결하기 위해서는 행사의 기획단계에서부터 원주민들과 교류하면서 함께 준비하고 실행하는데 적극 노력해야 할 것이다. 고려인마을에서는 고려인의 날 행사 이외에도 설날과 추석 등 민족명절을 기념하기 위한 행사를 치르고 있으며, 3 · 1절이나 8 · 15 광복절에도 기념행사를 개최하고 있다. 이외에도 광산구 하남공단, 평동공단 등에서 근무하고 있는 외국인 이주노동자들과 결혼이주여성들이 중심이 되어 다양한 축제를 개최하고 있다. 광주아시아외국인근로자센터와 광주태국인공동체가 개최하는 '쏭끄란' 축제, 광주외국인복지센터에서 주최하는 캄보디아 '쫄츠남' 축제, 세계음식문화축제 등 월곡동 고려인마을을 포함한 광산구 일대는 다민족 · 다문화축제가 개최되고 있다.

또한 고려인마을은 청소년 및 대학생, 다문화학교 관계자들이 상시 방문하여 고려인들의 삶에 대해 배우고 고려인마을 곳곳을 탐방하는 등 학습체험의 장이 되고 있다. 아울러 전국의 지자체 및 유관기관, 의료기관, 종교단체, 시민사회단체, 봉사단체, 언론 등 다양한 부문의 관계자들이 방

전통 요리점들이, 평동산단과 송정동 주변에는 아시아마트가 들어와 있는 등 다민족, 다문화 음식거리가 형성되어 있다. 아울러 외국인 이주자들이 집중적으로 거주하고 있는 관계로 이들을 지원하는 기관이나 단체들이 광주 지역 내에서 가장 많이 형성되어 활동하고 있다. 광주광역시 광산구, 『광산구보』 264호, 2016, p. 13.

문하여 지지와 후원, 그리고 연대의 활동을 전개하고 있다. 이와 같이 고려인마을은 다문화 이해 및 학습의 장이 되고 있으며, 전국적인 연대와 교류가 이루어지는 플랫폼이 되고 있다.

요약해보면, 고려인마을은 원주민과 이주민 간의 갈등뿐만 아니라 이주민과 이주민 간의 갈등이 존재하는 반면, 집거지 내 구성원 간에 다양한 프로그램을 통해서 소통을 이루어내고 있으며, 원주민과 이주민간의 다문화 이해 증진을 위한 플랫폼으로써 장소성을 획득해가고 있다.

(2) 새로운 상권 형성과 관광자원화

고려인들이 집중 거주하고 있는 광산구 월곡동 일대는 하남공단으로 이어지는 4차선 주요 간선 도로변을 중심으로 아파트 단지가 조성되어 있지만, 도로 안쪽에는 상가용 주택과 2~3층 단독주택이 밀집되어 있다. 고려인을 비롯한 대부분의 이주노동자들은 임대료가 저렴한 단독주택이나 원룸에 거주하고 있는데, 이로 인해 수요가 낮았던 이 일대 단독주택의 부

사진 4.1 광주광역시 고려인마을 내 원룸촌

사진 4.2 고려인마을 가족카페 1호점

동산 경기가 활성화되고 있다.[32] 특히 젊은 고려인들은 오래된 단독주택보다는 에어컨, 냉장고, 침대 등 일상생활 장비가 갖춰져 있는 원룸을 선호하게 되자, 최근 원룸들이 급속히 신축되고 있는 양상이다.

월곡동 일대는 고려인을 비롯하여 조선족, 베트남, 필리핀 등 이주노동자들이 밀집해 있는 지역이다. 특히 고려인들이 집중 거주하자 이들을 대상으로 한 러시아 음식점, 카페, 마트 등이 늘어나면서 새로운 상권이 형성되고 있는 추세이다. 과거에는 외국인에 대한 편견으로 외국인 집거지의 슬럼화를 우려하는 분위기였으나, 최근에는 외국인 집거지가 신규 상권을 형성하며 또 하나의 상권 소비계층으로 변모하고 있는 중이다.

현재 고려인마을에는 '고려인마을가족카페'가 3호점까지 개점되어 운영되고 있다. 이 가게는 2014년 3월 고려인마을협동조합의 지원을 받아 1호점을 개점하였으며, 빵 맛이 좋고 고려인 전통음식에 대한 호기심이 많아지면서 고려인 주민 뿐만 아니라 원주민과 관광객들이 즐겨 찾는

32 김경학(2014), pp. 273-274.

곳이 되었다. 2호점은 빵과 커피, 3호점은 중앙아시아 양꼬치를 주 메뉴로 하여 각각 개점하였다. 이 카페는 무엇보다 가족이 중심이 되어 운영하고 있다. 이외에도 고려인 주민들이 운영하는 다양한 음식점, 한국과 중앙아시아의 식료품을 파는 슈퍼마켓, 이동통신사 가게, 여행사, 미용실 등이 운영되고 있다.

최근 고려인마을의 주요 사업 중 하나는 월곡동 일대를 '고려인특화거리'로 조성하는 것이다. 이 사업의 일례로 고려인마을은 광산구 공익활동지원센터의 지원을 받아 고려인마을 관광지도를 제작하였다. 관광지도 제작 이후 고려인마을은 YTN 등 방송사들의 방문 취재가 급증하였으며, 타 지역의 대학생 등 관광객들이 고려인마을을 방문하여 고려인마을 둘레길[33]을 따라 고려인동포의 삶을 체험하고 이해하는 계기를 마련하고 있다.[34] 특히 고려인마을은 2017년이 고려인 강제이주 80주년이 되는 해로써 이를 기념하기 위해 '광주 고려인마을 방문의 해'로 지정하여 다양한 프로그램을 운영하고 있다. 이 행사는 4월부터 11월까지 매월 넷째 주 토요일에 방문의 날 행사를 개최한다.

이와 같이 고려인마을에 거주하고 있는 고려인 주민들은 지역상권 형성의 새로운 주체가 되고 있으며, 고려인마을을 관광자원화 하는 다양한 프로그램을 운영하여 지역사회의 발전에 기여하는 주체로 자리잡아 가고 있다.

(3) 자생적 단체의 형성과 활동

외국인 이주자의 집거지 형성과정에서 이주자의 자생적 단체는 매우

---

33 고려인마을 둘레길은 고려인 주민 지원관련 각종 단체와 고려인 주민들이 운영하는 음식점이나 슈퍼마켓 등을 중심으로 구성되어 있다.

34 지난 2월 7일에는 국민대학교 유라시아학과 학생 20여 명이 고려인마을을 방문하였고, 4월 22일에는 한국외국어대학교 학생들이 고려인마을 방문의 날 행사에 직접 참여하기도 했다.

중요한 역할을 수행한다. 한편으로는 이주자들의 내적 결속력 강화와 권익옹호 활동을 전개하며, 다른 한편으로는 지역사회 구성원과의 교류 및 연대를 시도하는 중요한 플랫폼이 된다. 현재 광주광역시 고려인마을에는 고려인 주민의 사회적응 지원, 고려인 이미지 개선 및 주민과의 소통, 자녀들의 보육 및 교육 지원 등 다양한 형태의 단체들이 결성되어 활동하고 있다. 주요 단체들의 활동 현황을 살펴보면 다음과 같다.[35]

① 고려인 주민 지원 단체

광주 고려인마을에는 고려인 주민들이 지역사회에 안정적으로 적응하고 정착하기 위해 각종 지원사업을 전개하는 다양한 단체들이 형성되어 활동하고 있다. 먼저, 고려인종합지원센터에 대해 살펴보면, 고려인종합지원센터는 2004년 9월경 20여 명의 고려인들이 공동체를 형성하여 교류를 해오다가 2009년 1월에 설립된 '고려인지원센터'가 확장된 것이다. 이 지원센터는 광주광역시와 광주사회복지공동모금회가 협약을 맺고 센터 건립을 위한 모금활동[36]을 전개하여 지난 2015년 9월 7일에 개소되었다. 이 지원센터는 사단법인 고려인마을이 운영하며, 상담실, 교육실, 어린이집, 쉼터 등의 시설을 갖추고 있다. 센터의 주요 활동은 고려인들의 취업과 산업재해, 국적 취득 등 각종 상담과 자녀보육, 한국어 교육, 자조모임 등 다양한 서비스를 제공하고 있다.

고려인마을협동조합은 2013년 3월 10일에 비영리 목적으로 설립되었으며, 조합원 · 비조합원 구분하지 않고 고려인 주민 전체를 대상으로

---

35 이에 대한 자료는 사단법인 고려인마을 홈페이지(http://www.koreancoop.com/)에서 부분적으로 발췌하였음.

36 이 모금운동은 광주 지역의 주요 유관기관을 비롯하여 기업체 13곳, 시민 30여명 등이 참여하였으며, 총 1억 8천만원의 성금을 모금했다. 이 성금액에 광주광역시에서 지원비를 보조하여 고려인마을의 한 상가 건물을 매입, 리모델링하였다. 연합뉴스, 2015.09.07.

활동하고 있다. 고려인마을협동조합의 주요 사업계획을 살펴보면 다음과 같다. 교육조합사업-유치원, 보육, 방과 후 교실, 학교, 한국어교육, 평생교육; 소비자조합사업-공동구매, 여행사, 이동통신, 인터넷가입, 문화예술 등 생활전반; 주택조합사업-매매, 전세, 월세, 주택수리 등 주택관련 지원사업; 의료지원사업, 근로자조합사업, 서비스조합사업-출입국상담, 고충문제, 법률, 경조사 등; 생산자조합사업-다문화체험학습, 역사관, 생산, 가공, 업체간 · 국제간 정보교류; 유통(외국무역), 재활용 제품 생산, 커피숍, 청소, 시설관리 등이다. 고려인마을협동조합의 구체적인 활동 내용을 보면, 2013년도에 광주광역시의회 홍인화의원 등과 공동으로 광주광역시 고려인 주민 지원 조례를 제정하는데 기여했다. 귀한동포 지원법 제정을 위해 이천영 목사, 신조야 대표 등이 국내 유관단체와 다양한 교류활동을 전개하고 있다. 광산구 월곡동 일대에 '고려인 특화 마을'을 조성하기 위해 어린이집, 음식점, 슈퍼마켓 등을 지원하고 있으며, 향후 고려인의 역사와 문화 관련 자료를 전시하고 재현하는 '고려인 역사관'을 건립하는데 노력하고 있다.

사단법인 고려인마을은 비영리법인으로써, 2014년 4월 18일에 법무부로부터 설립 허가를 받았다. 이 단체는 광주 지역에 정착한 구소련 지역 고려인 주민의 권익보호 및 생활개선, 상담소, 의료지원, 교육 및 주거지원, 행사지원, 디아스포라역사 박물관, 문화마을, 어린이집, 지역아동센터 등에 관한 복지증진과 인권 보호 사업을 통해 고려인 주민이 지역사회의 구성원으로서 안정된 정착을 지원함에 목적을 두고 있다. 주요 사업내용을 보면, 고려인 및 그 자녀들의 권익보호 및 생활개선에 관한 사업; 고려인 및 그 자녀들을 위한 상담소(주민지원센터), 쉼터 그리고 그밖에 수혜 시설 설치 운영; 고려인 및 그 자녀들을 위한 교육 및 돌봄 지원 사업; 고려인 및 그 자녀들을 위한 외국어 통 · 번역, 건강증진. 체육활동, 의료지원에 관한 사업; 고려인 및 그 자녀들을 위한 문화체육 행사 실시; 고려인에 관한 디아스포라 역사박물관 운영에 관한 사업; 고려인 및 그 자녀를 위한 특화마을 지원 사업; 고려인을 위한 홈페이지 구축, 방송국 운영 및 각종 미디어에 관한 사업; 평생교육시설의 설치 및 운영; 사회적기업의 설립 및 운영; 유사 지원단체 연계 협력사업 실시 등이다.

고려인 교회는 2009년 고려인지원센터와 함께 설립되었다. 고려인들은 매주 일요일 예배를 통해 지친 심신의 위로와 함께 고려인 상호 간 친교와 정보를 교류하고 있다. 특히 교회에서는 고려인가족의 합동 결혼식을 진행하기도 한다. 이 결혼식은 광산구청을 비롯하여 지역 내 기업 및 유관단체 등의 지원, 협력으로 이루어지고 있다.

② 고려인마을 이미지 개선 활동

광산구 월곡동 지역은 2000년 중반 이후 중앙아시아 출신 고려인과 외국인 이주노동자가 증대하면서 쓰레기 무단투기, 고성방가, 길거리 음주 등으로 인해 지역주민들의 불만이 팽배해 있다. 이러한 원주민들의 불만과 불평을 해소하기 위해 고려인마을에서는 고려인으로 구성된 '고려인마을 깔끔이 봉사단'을 2011년 5월에 결성하였다. 봉사단원들은 매주 주말에 각 가정별로 조를 편성하여 고려인마을 거리를 청소하고, '쓰레기 함부로 버리지 않기', '길거리 음주 금지', '쓰레기 분리 수거' 등을 홍보하고 있다. 이러한 활동은 원주민들과 마찰을 최소화하고 고려인의 이미지를 개선함으로써 지역사회에 안정적으로 정착하기 위한 노력으로 평가할 수 있다. 특히 봉사단은 지난 2015년 광주광역시에서 개최된 하계유니버시아드대회의 성공적 개최를 위해 광주국제행사성공시민협의회와 공동으로 '친절, 질서, 청결, 봉사' 4대 선진문화 시민운동 캠페인과 함께 환경정화활동을 벌이기도 했다.[37]

---

37 이뉴스투데이, 2015.01.19.

사진 4.3 광주 고려인마을 깔끔이 봉사단

2016년 4월 9일에는 고려인 주민 15명으로 구성된 고려인마을 자율방범대를 결성했다. 이들은 월곡동 일대를 정기적으로 순찰하며 생활질서를 안내하고 원주민과 고려인간의 접점을 넓혀가고 있다. 방범대는 광주지방경찰청으로부터 순찰복 · 경광봉 등을 지원받았으며, 광산경찰서 월곡지구대와 협조하여 활동을 하고 있다.[38] 이러한 방범대의 활동은 원주민과의 마찰을 최소화하고 범죄가 발생하지 않도록 사전 예방하는 효과를 가져와 고려인 주민의 지역사회 적응과 함께 이미지를 개선하는데 기여할 것이다.

③ 자녀 돌봄 지원 활동

최근 한국사회의 외국인 이주자 담론에서 중요하게 부각되고 있는 분

---

38 남도일보, 2016.04.10.

사진 4.4 광주 고려인마을 어린이집

야는 중도입국 자녀들을 포함한 다문화가정 자녀들의 교육문제이다. 특히 중도입국자녀들은 한국에서 태어난 다문화가정 자녀와는 달리, 한국어를 거의 구사하지 못하거나 한국문화에 익숙하지 않는 상태에서 한국사회로 유입되기 때문에 정상적인 학교 교육을 받는데 어려움을 가질 수밖에 없다. 이러한 맥락에서 고려인들의 자녀는 한국에 거주하고 있는 부모들이 대부분 한국어를 잘 구사하지 못하는 관계로 특별히 더 어려운 상황에 놓여 있다. 광주 고려인마을은 상대적으로 다른 지역에 비해 자녀들의 보육 및 교육문제를 해소하기 위해 완전하지는 않지만 다양한 수준의 자생적인 교육시설을 확보하여 운영하고 있다.[39]

먼저, 고려인마을은 2012년 10월에 작은 상가건물을 임대하여 어린이집을 개소하여 취학 전 어린이들을 돌보고 있다. 이들은 대부분 맞벌이 부부 가정의 어린이들로서, 이른 아침부터 저녁까지 어린이집에서 시간을 보내고 있다. 현재 어린이집은 2015년 9월 7일에 고려인마을종합지원센

39 이 부분은 선봉규, "다문화가정 자녀의 교육 현황 및 과제: 광주광역시 거주 고려인동포 자녀를 중심으로", 『인문사회21』, 제8권 2호, 2017, pp. 822-823의 내용을 참조하였음.

터가 설립되면서 센터의 1층 공간을 사용하고 있으며, 28명의 고려인 주민 아이들이 다니고 있다.

둘째, 고려인마을은 초 · 중 · 고 학생들을 대상으로 한국어를 비롯하여 영어, 수학 등 학습 프로그램을 운영하기 위해 2013년 7월에 지역아동센터를 개소하였다. 그러나 고려인동포 자녀의 국적 문제로 정부 인가 및 지원을 받을 수 없어 인건비 확보에 어려움을 겪으면서 한 때 운영을 잠정 중단하기도 했지만 광주광역시와 한국전력의 지원으로 운영을 재개하였다. 지역아동센터는 대안학교의 교사와 고려인마을 주민, 자원봉사자 등이 교사로 참여하고 있으며, 학기 중에는 평일 오후 4~7시까지 방과 후 교실을 열고 주말에는 체험학습 프로그램을 운영한다. 지역아동센터의 프로그램은 아이들의 기초학력 향상 지원과 한국어 · 영어 · 러시아어 등 외국어 교육을 기본으로 하고 있다.[40] 지역아동센터에서는 지역사회의 원주민들을 대상으로 하는 '러시아어 무료강좌'를 실시하고 있다. 이 강좌는 월곡동의 한 주민의 제안으로 시작되었으며, 러시아에서 유학한 경찰관, 유학을 준비하는 대학생, 이웃 주민 등을 대상으로 운영하고 있다.[41] 무엇보다 이 프로그램의 의의는 지역 내 원주민들이 이주민의 언어와 문화를 배우고 수용하는 과정을 통해 상호간의 교류와 소통을 강화하는데 기여한다는 점이다. 2017년 1월부터는 국민은행의 후원과 광산구청의 지원을 받아 '바람개비꿈터 공립지역아동센터'로 전환되어 운영되고 있다. 현재 이 센터는 관리자 및 담당 선생님, 그리고 지역 내 자원봉사자들이 중심이 되어 초등학생을 대상으로 한국어와 영어 교육 등 돌봄 프로그램을 운영하고 있다.[42]

---

40 기독타임스, 2016.01.19.

41 나눔방송, 2016.04.07.

42 안○○○(청소년문화센터 운영자/남), 인터뷰: 2017년 3월 21일.

마지막으로, 고려인마을은 그동안 초 · 중 · 고 학생들을 대상으로 프로그램을 운영해 온 지역아동센터가 바람개비 꿈터 공립지역아동센터(초등학생 대상)으로 전환되면서 중 · 고등학생들을 대상으로 하는 방과 후 프로그램을 운영하기 위해 청소년문화센터를 새롭게 만들어 운영하고 있다. 현재 이 센터는 중 · 고등학생 50여 명이 이용하고 있으며, 한국어 수업(화, 금요일), 사진 및 축구 동아리 활동, 상담, 문예활동 등을 진행하고 있다.[43]

이와 같이 광주 고려인마을은 비록 완전하지는 않지만 자녀들의 보육 및 교육문제를 해결하기 위해 어린이집과 공립지역아동센터, 청소년문화센터 등 자체적인 교육시설을 마련하여 다양한 프로그램을 운영하고 있다.

④ 미디어의 출현: 고려FM 라디오 방송

한국사회에서 외국인 이주자는 사회적으로 소수자의 지위를 갖는다. 그런 점에서 주류사회에서 배제된 이주자에게 미디어는 자신들의 목소리를 표출하고 외국인 이주자뿐만 아니라 원주민과 교류하고 소통하는 매체가 된다. 즉, 외국인 이주자의 미디어는 이주자들의 여론을 형성하고 그들의 의견을 수렴하여 이주자 공동체의 목소리를 대변하고, 주류사회의 구성원들에게 말 걸기하면서 지역사회의 여론을 형성하는데 유용한 도구이다.[44]

광주 고려인마을에 국내 최초로 고려인 주민들이 직접 출연하여 방송하는 '고려FM'이 2016년 9월 6일 첫 전파를 탔다. 고려FM은 광주문화재단과 광주시청자미디어센터의 지원을 받아 지난 5월부터 12주간 준비 작업을 해왔으며, FM 102.1MHz 정식 주파수를 배정받아 운영되는 라디오

43 안○○○(청소년문화센터 운영자/남), 인터뷰: 2017년 3월 21일.

44 이창원, "문화 간 소통을 위한 이주민 미디어의 역할과 과제", 『ISSUE brief』 2015-03, IOM이민정책연구원, 2015, p. 3.

방송이다. 송출범위는 방송국 기점으로 5km인 미니 FM으로, 광산구 월곡동 · 산정동 · 우산동 · 하남동에 거주하는 고려인들이 주요 청취자이다. 그리고 고려FM 어플리케이션을 설치하면 전국뿐만 아니라 중앙아시아 지역의 고려인들도 청취할 수 있다. 고려FM은 월요일부터 금요일까지 매주 오전 10시 30분부터 오후 1시, 오후 5시 30분부터 저녁 8시까지 총 5시간 방송을 하고 있으며, 러시아어(70%)와 한국어(30%)로 고려인들의 이야기를 들려주고 있다. 편성 프로그램을 보면, "디아나의 광주이야기", "고려인마을 뉴스", "엄마 수다방 톡톡", "10대세상, '세대토크'", "뮤직타임" 등 다양한 프로그램을 운영하고 있다.

고려FM은 고려인 주민들이 자신들의 삶의 이야기와 공동체의 생활정보를 서로 나누고, 이를 통해 지역사회의 구성원으로서의 지위를 확인하고 원주민들과의 소통을 활성화하는데 유용한 매체가 되고 있다. 예컨대, 지난 1월 7일에는 월곡2동 동장과 마을복지팀장이 고려인매거진에 출연하여 지역에 거주하고 있는 고려인 주민의 삶과 적응에 대해 이야기를 나눈바 있다.[45] 이외에도 고려인 주민의 안정적인 정착을 위해 도움을 주고 있는 주민자치센터, 병원, 사회단체, 자원봉사자 등 지역관계자들이 출연하는 등 지역주민들과의 만남을 확대하고 있다. 그러나 현재 고려FM은 주파수 확보에 문제가 있어 방송을 진행하는데 어려움을 갖고 있다. 고려FM 관계자에 의하면, 경제적인 여건상 고려FM의 주파수는 3개월 동안만 한시적으로 운영되었으며, 현재는 어플리케이션을 이용하여 방송을 진행하고 있다.[46]

요약해보면, 광주광역시 고려인마을은 지역 구성원간의 갈등과 소통이 공존하는 다민족 · 다문화적 공간으로써 다문화 이해 및 체험의 장소로

---

45 나눔방송, 2017.01.08.

46 홍○○((사)고려인마을 관계자/여), 인터뷰: 2017년 3월 10일.

사진 4.5 광주 고려인마을 고려FM 라디오 방송

자리 잡아 가고 있다. 또한 고려인마을은 고려인 주민들이 운영하는 음식점 등이 생겨나고, 관광객들이 증가하면서 지역사회 발전의 계기를 마련하고 있다고 볼 수 있다.

3) 경기도 안산시 고려인마을의 형성

(1) 고려인마을 형성

경기도 안산시는 한국의 대표적인 외국인 밀집 거주지역이다. 안산시는 시화공단과 반월공단 사이에 위치해 교통이 편리하다는 점 때문에 1990년대부터 외국인 노동자들이 모여 살기 시작했다. 또한 안산시는 시화공단과 반월공단 등 저임금 노동력을 필요로 하는 중소형의 공장들이 밀집되어 있기도 하다. 특히 안산시 단원구의 원곡동은 1990년대 산업연수생 제도 도입 이후 외국인 노동자들이 유입되면서 '국경없는 마을', '다문화 거리'로 유명하다. 이 지역은 다가구 주택들이 많이 있는 곳으로 한 호당 11개에서 15개까지 작게 방을 쪼개어 월세촌을 형성하고 있다.

2016년 12월 현재, 안산시 단원구와 상록구에 체류하고 있는 외국인은 77,254명이다. 이중 한국계 중국인(조선족)은 45,320명으로 가장 많으며, 중국이 8,643명, 우즈베키스탄이 6,748명, 한국계 러시아인이 3,486명, 베트남이 2,436명, 인도네시아 1,339명, 필리핀 1,196명, 카자흐스탄 935명, 네팔 818명, 캄보디아 653명, 타이 542명, 스리랑카 500명, 방글라데시 478명, 러시아 460명, 파키스탄 435명, 미얀마 394명, 미국 334명, 우크라이나 318명, 몽골 288명, 키르기스스탄 272명, 일본 236명, 카메룬 218명, 나이지리아 164명, 인도 114명 등이다.[47] 이중 고려인은 우즈베키스탄과 한국계 러시아인, 키르기스스탄 등 10,506명으로 추산된다.

안산시 단원구의 선부2동(땟골마을)은 러시아 및 중앙아시아 지역에서 이주해 온 고려인들이 집중 거주하고 있는 지역이다. 땟골마을은 원곡동이 재개발 등으로 부동산 가격 및 월세가 상승하자 고려인동포들이 상대적으로 주택가격이 저렴한 땟골마을로 모여들기 시작하면서 형성되었다.[48] 최근에는 땟골마을에서 인근의 상록구 사동에 있는 한양대 에리카 캠퍼스 주변에도 고려인들이 밀집 거주하고 있다.

안산시 고려인마을의 자생적인 조직으로는 고려인 자율방범대와 너머 고려인 청소년 자원봉사단 등이 설립되어 운영되고 있다. 고려인 자율방범대는 2016년 4월 22일에 창설되었으며, 고려인 주민 15명으로 구성되었다.[49] 고려인 자율방범대는 단원경찰서의 협조를 받아 선부2동 파출소와 합동으로 매주 금~일요일 땟골삼거리 등 고려인들이 집중 거주하고 있는 지역을 중심으로 야간 방범 순찰활동을 실시하고, 고려인들의 범죄

47 김승력(2017), p. 83. 재인용

48 김승력(2017), p. 83.

49 광주광역시 고려인마을에서는 이보다 앞서 4월 9일에 고려인마을 자율방범대를 창설하였다. 또한 광주광역시 고려인마을은 2011년 5월에 '고려인마을 깔끔이 봉사단'을 결성하여 매주 주말에 고려인마을 거리를 청소하고, '쓰레기 함부로 버리지 않기', '길거리 음주 금지', '쓰레기 분리 수거' 등을 홍보하고 있다. 선봉규(2017), "한국에서 외국인 집거지의 형성과 공간적 특성에 관한 연구: 광주광역시 고려인마을을 중심으로", 『한국동북아논총』 22(2), p. 208.

피해 등을 청취해 경찰서에 전달하는 가교 역할을 수행하고 있다. 이러한 고려인 자율방범대의 활동은 고려인마을의 치안 유지 및 범죄예방뿐 아니라 지역사회 원주민의 인식 개선 및 소통하는 기회가 되고 있다. 2018년 4월 13일에는 30여 명의 중 · 고등학생 고려인 청소년들로 구성된 '너머 고려인 청소년 자원봉사단' 발대식을 개최했다.[50] 자원봉사단은 '고려인역사해설', '영상콘텐츠제작', '학습멘토', '통번역', '청소년경찰단' 등 5개 분야에서 활동을 벌일 계획이다.

(2) 고려인지원단체 '너머'의 활동

국내의 대표적인 고려인지원센터인 너머는 2011년 10월부터 안산시 선부2동(땟골마을)에서 고려인동포를 대상으로 한글야학을 시작으로 안산시 고려인마을에 정착하고 있는 고려인동포 지원활동을 본격화했다. 너머는 국내거주 고려인동포들의 안정적인 체류와 사회통합을 실현하는데 목적을 두고 있다. 이러한 목적을 달성하기 위해 고려인의 한국어 능력 향상, 안정적인 정착을 위한 지원활동, 고려인사회의 커뮤니티 강화 등의 사업을 전개하고 있다. 구체적으로 너머는 성인과 미래세대를 대상으로 한국어수업, 청소년 교육사업 및 생활상담, 노동 · 체불상담(별별상담소 운영), 생활 통번역지원, 지원 사업 및 긴급구호 활동, 특별사업(고려인 이주 150주년 기념센터 추진) 등 다양한 프로그램을 운영하고 있다.[51]

너머의 주요 사업 중의 하나인 한국어 교육은 주로 평일의 야간이나 주말 오후에 이루어지고 있다. 왜냐하면 땟골마을에 거주하는 대부분의

---

50 너머 고려인 청소년 자원봉사단은 '지역과 더불어 살다'라는 주제로 삼성꿈장학재단 2018년 배움터 교육지원사업에 선정되어 활동을 전개하고 있다. 안산시 고려인문화센터 홈페이지: http://www.koreansan.org/?p=1638(검색일: 2018.05.25.)

51 너머 홈페이지: http://www.jamir.or.kr/bbs/board.php?bo_table=sub_1_1(검색일: 2018.03.05.)

고려인들은 주변 공단에서 3교대로 대략 9시간에서 12시간 정도를 근무하고 있으며, 토요일도 많은 수의 고려인들이 일을 하고 있기 때문이다. 고려인동포의 자녀들을 대상으로 하는 지원활동은 방과 후 교실 프로그램을 운영하고 있다. 구체적으로 한국어 교실, 태권도, 미술, 음악 외 예체능(농구, 댄스), 영어, 수학, 러시아어 외 학습 지원 등이다.

너머는 2014년에 안산시 상록구 사동에 '너머 분소'를 설립하여 운영하고 있다. 지역적으로 같은 안산임에도 분소를 세운 이유는 땟골마을에서 실시하는 한국어 교육에 참가할 수 없는 지리적, 장소적 상황과 관련 있다. 일용직 시급 노동을 하는 고려인들의 생활패턴으로 한국어 수업은 평일 저녁 9시에서 11시까지 진행된다. 땟골마을에서 사동까지 9킬로미터에 불과하지만 대중교통으로는 왕복으로 거의 2시간이 소요되기 때문에, 이 시간대에 들으러 왔다 다시 집으로 돌아가야 한다는 것은 현실적으로 불가능하다. 그런 악조건 속에서도 땟골마을로 수업을 들으러 오는 고려인동포들이 있었고, 그 고려인동포들의 강한 요청을 들어 줄 수 없는 상황에서 고려인동포 사업가가 자비로 상록구 사동에 공간을 마련하게 되면서 분소를 설치할 수 있게 되었다.[52]

아래 〈표 4.5〉는 안산시 거주 고려인동포를 대상으로 전개해 온 너머의 지원활동을 요약한 것이다.

표 4.5 너머의 고려인동포 지원 활동 현황

연도	주요내용
2011.10	한글 야학 시작
2012.03	산재 및 체불임금 상담 및 지원 활동, 후원위원회 구성
2012.06	한글교육 주말 교육 실시, 초 · 중 회화반 7회 운영

52 김승력(2017), p. 84.

연도	주요내용
2012.07	방학 기간 고려인동포 아동대상 한글교육 및 돌봄 실시
2012.11	고려인 사랑방 및 별별 상담실 개소, 김장 나눔 및 바자회
2012.12	고려인동포 음악동아리 결성
2013.03	여성의 날 기념 지역 행사 참여
2013.05	안산 국제거리극축제 (연극동아리 활동) 서울시 성북구 다문화음식축제 (중앙아시아 음식) 참가 모스크바 필하모니 오케스트라 관람 및 수원화성 탐방 (약 35명 참가)
2013.06	다음 대학생 기자단의 고려인 "어린이 부모 상봉사업" 서명 청원 시작 전통혼례 두 쌍 (용산역 주관), 한복 바자회(약 200여점 판매) 리트머스 역사교육프로그램 (독립기념관탐방)
2013.10	고려인 문제 관련 안산시민 간담회 실시(시민단체 및 약 40여명 참가)
2013.11	안산시민 원탁회의 시작 고려인동포 땟골 잔치 (바자회) 300여명 이상 참가
2014.01	고려인 이주 150주년 기념 사업추진위원회 발족
2014.02	고려인 지원을 위한 안산시민원탁회의 발족 고려인, 새터민과 함께하는 대보름 척사대회(참가)
2014.03	상록구 사동 너머 분소 주부치안봉사단 발족, 고려인 자녀 안심 귀가 활동 고려인 지원을 위한 경기도의원 간담회 (원미정, 김현삼 외) 고려인과 함께하는 안산 3·1 만세 기념식, 3·8 여성의 날 기념대회 참가
2014.04	좋은 마을 만들기 사업 시작 역사문화 체험 천안 독립기념관 방문 고려인 현황관련 안산시장 방문 간담회 안산희망재단 MOU 체결
2014.05	안산시 평생학습관 MOU 체결-평생학습마을 만들기[53] 시작 일요일 한국어수업 개강 고려인 특별법 개정 국회 간담회, 고려인 학부모 간담회 (격월 시행)
2014.07	안산 다문화 한민족 어울림마당 참가 KBS다큐공감 "땟골의 카레이스키" 촬영 협조 현대자동차 지원 청소년 아동 다문화 캠프

53 땟골마을은 평생학습마을로 선정되어 고려인과 지역주민간의 공동체성 회복을 위해 평생학습 프로그램 운영, 마을리더 교육, 공동체 활동 등을 전개하고 있다. 반월신문, 2016.04.13.

연도	주요내용
2014.08	150주년 기념 사업 오토랠리 청소년과 함께하는 너머 여름 역사교실 경기도 지원 취약계층 어린이 돌봄 '엄마손 도시락 사업' 진행
2014.09	NH농협 고려인동포 자녀 농촌 체험 캠프 국경없는 마을 안산월드컵 - 배구팀 참가
2014.10	고려인 이주 150주년 기념 페스티발 주관 (약 4천여명 참여) 주민 대상 생활러시아어반 개강
2014.11	고려인동포 자녀 태권도, 댄스반 시작 땟골 운영위원회 발족 골든트라이앵글사업 강좌 시작 (만들기반, 뜨개질반 등)
2014.12	안산 노동인권영화제 주최 안산 동화 읽는 어른모임 간담회 농구반, 생활체육반 시작 (신길고)
2015.06	고려인 카페 우갈록[54] 오픈
2016.10	고려인문화센터 건립
2017.04	전국고려인대회 준비위원회 출범
2017.08	고려인문화센터 위탁 운영
2017.09	고려인만민회의 개최

출처: 너머 홈페이지를 바탕으로 구성함.

너머는 고려인동포들이 지역사회에 안정적으로 정착하고, 주민들과 교류, 소통하기 위한 차원에서 땟골마을 운영위원회에 참가할 수 있도록 지원하고 있다. 2014년 말부터 고려인동포 대표가 땟골마을 운영위원회에 참가하여 선부2동의 통반장들과 매월 1회 정기적인 회의를 개최하고 있다. 땟골마을 운영위원회에서는 좋은 마을 만들기를 위해 텃밭가꾸기, 바자회, 생활러시아어, 마을 청소, 마을 잔치 등 다양한 프로그램을 진행하고 있다. 특히 운영위원회에서는 원주민 대상으로 고려인 인식 바꾸기, 고

54 우갈록은 러시아어 "마음속에 편안한 공간"이라는 뜻이다. 카페 우갈록은 원주민과 고려인들이 한 자리에 모여 소통과 교류하는 공간이다.

려인 행사 지원, 후원금 지원 등의 사업을 통해 원주민과 고려인간의 갈등을 해소하기 위한 차원에서 진행되고 있다. 마을 운영위원회 참여와 좋은 마을 만들기 사업 실시 이후, 땟골마을에서 발생하는 원주민과 고려인 간 발생하는 갈등 — 임대인과 임차인간의 갈등, 문화적 차이, 기초 질서 등 — 이 줄어들고 마을의 분위기가 점차 좋아지고 있다는 평가를 받고 있다.[55]

3. 한국 내 고려인의 네트워크

1) 광주광역시 고려인마을의 네트워크

(1) 고려인의 자생적 단체 활동

광주광역시 광산구 월곡동을 중심으로 형성된 고려인마을은 이천영 목사의 적극적인 활동의 산물이다. 이천영목사는 1998년부터 광주 지역에서 외국인 근로자의 문제에 직접 관여하기 시작하면서 외국인 근로자 지원 활동을 지속해오고 있다.[56] 이천영목사는 2001년에 '외국인근로자문화센터'[57]를 설립하여 하남공단 등에 근무하고 있는 외국인 근로자의 체불임금을 대신 받아주거나 산재를 입은 외국인 노동자들의 입원 보증을 서는 활동을 해왔다. 이러한 활동과정에서 고려인 노동자를 만나게 되었고, 2002년 고려인 신조야씨 문제를 해결하는 활동을 통해 독립운동가 후손

---

55 김영숙(안산시 고려인문화센터 센터장), 인터뷰일자: 2018년 3월 2일.

56 이천영목사는 2014년에 새날학교 설립, 이주노동자의 인권개선, 고려인동포의 권리찾기 등의 활동으로 대한민국 인권상을 받았다.

57 외국인근로자문화센터는 광주, 전남 초 · 중등학교 기독교사들과 한국외국인선교회(fan), 전남대학교 기독교수들이 후원하여 설립한 외국인근로자를 위한 선교단체이다. (사)외국인 근로자 문화센터 홈페이지: http://www.carenation.or.kr/etc/support.php(검색일: 2018.05.20.)

인 고려인동포들을 위해 적극적으로 활동하기에 이르렀다. 그 노력의 결과, 2005년에 고려인동포를 위한 상담소를 개소하였고, 2009년 1월에는 고려인지원센터를 설립하여 고려인들의 정착과 권익보호를 위한 활동을 하기 시작했다. 고려인지원센터는 광주에 이주해 온 고려인동포의 쉼터와 숙식을 제공하였으며, 통역, 송금, 비자, 취업 등 정착생활에 필요한 상담과 정보를 제공하였다.

광주광역시 고려인마을의 특징은 무엇보다 다른 지역에 정착하여 살고 있는 고려인들에 비해 고려인이 주체로 참여하여 운영하고 있는 단체 혹은 조직들이 결성되어 운영되고 있다는 점이다.[58] 광주 고려인마을에 형성된 단체는 크게 다섯 가지 형태로 구분해 볼 수 있다. 고려인동포 지원 관련 단체는 고려인종합지원센터, 고려인마을협동조합, 사단법인 고려인마을, 고려인교회, 고려인광주진료소, 고려인마을법률지원단 등이 있다. 고려인마을 이미지 개선을 위한 단체는 고려인마을 깔끔이 봉사단, 고려인마을 자율방범대가 있다. 고려인동포 자녀들의 보육 및 교육 지원 관련 단체로는 어린이집, 바람개비 꿈터 공립지역아동센터[59], 청소년 문화센터, 새날학교 등이 있다. 넷째, 미디어 매체로서 라디오 방송 '고려FM'이 운영되고 있다. 마지막으로, 고려인 문화예술활동 관련하여 고려인마을 합창단, 고려인역사박물관, 고려인마을 청소년오케스트라단 아리랑 등이 있다.

---

58 광주 고려인마을의 주요 단체 활동에 관해서는 선봉규(2017), "한국에서 외국인 집거지의 형성과 공간적 특성에 관한 연구: 광주광역시 고려인마을을 중심으로", 『한국동북아논총』 22(2)를 참조

59 바람개비 꿈터 공립지역아동센터는 기존의 지역아동센터에서 2017년에 광주광역시와 광산구청의 위탁을 받아 고려인동포 자녀(초등학생)들을 대상으로 하는 방과 후 프로그램을 운영하고 있다.

표 4.6 광주광역시 고려인마을의 단체 현황과 활동

단체명	설립 연도	주요 활동
고려인 종합지원센터	2009	사단법인 고려인마을이 운영하며, 상담실, 교육실, 어린이집, 쉼터 등의 시설을 갖추고 있음. 센터의 주요 활동은 고려인들의 취업과 산업재해, 국적 취득 등 각종 상담과 자녀 보육, 한국어 교육, 자조모임 등 다양한 서비스를 제공함.
고려인 교회	2009	고려인들은 매주 일요일에 예배 활동을 함. 고려인 상호간 친교와 정보를 교류하고 있음.
고려인 마을협동조합	2013	광산구 월곡동 일대에 '고려인특화마을'을 조성하기 위한 다양한 사업을 전개하고 있음.
사단법인 고려인마을	2014	법무부 인가 단체, 광주 지역에 정착한 구소련 지역 고려인 주민의 권익보호 및 생활개선, 상담소, 의료지원, 교육 및 주거지원, 행사지원, 디아스포라역사 박물관, 문화마을, 어린이집, 지역아동센터 등에 관한 복지증진과 인권보호 사업을 통해 고려인 주민이 지역사회의 구성원으로서 안정된 정착을 지원함.
고려FM	2016	고려FM은 러시아어(70%)와 한국어(30%)로 진행되고 있음. 편성 프로그램은 "디아나의 광주이야기", "고려인마을 뉴스", "엄마 수다방 톡톡", "10대세상, '세대토크'", "뮤직 타임" 등이 있음. 최근에는 지역사회의 구성원들을 초청하여 방송을 진행하곡 있음.
깔끔이봉사단	2011	봉사단원들은 매주 주말에 각 가정별로 조를 편성하여 고려인마을 거리를 청소하고, '쓰레기 함부로 버리지 않기', '길거리 음주 금지', '쓰레기 분리 수거' 등을 홍보함.
자율방범대	2016	광주지방경찰청과 광산경찰서 월곡지구대와 협력하여 월곡동 일대를 정기적으로 순찰하며 기초생활질서를 안내하고 원주민과 고려인간의 접점을 넓혀가고 있음.
어린이집	2012	현재 어린이집은 2015년 9월 7일에 고려인마을종합지원센터가 설립되면서 센터의 1층 공간을 사용하고 있으며, 28명의 고려인 주민 아이들이 다니고 있음.
새날학교	2007	고려인자녀들을 포함한 중국, 베트남, 몽골, 러시나, 필리핀, 시리아, 우크라이나, 우즈베키스탄, 카자흐스탄, 키르기스스탄 등 11개국 초.중.고 다문화학생 80여 명이 공부하고 있는 대안학교임. 광주시교육청 다문화대안학교 인가 받음.
고려인마을청소년 오케스트라단 '아리랑'	2015	고려인동포 자녀 20여 명으로 구성, 지역 건설업체인 도경건설의 지원으로 창단, 광주문화재단의 무지개사업의 일환으로 교육프로그램 지원.

단체명	설립 연도	주요 활동
청소년문화센터	2017	현재 중 · 고등학생 50여명이 이용하고 있으며, 한국어 수업(화, 금요일), 사진 및 축구 동아리 활동, 상담, 문예활동 등을 진행하고 있음.
바람개비 꿈터 공립지역아동센터	2017	국민은행의 후원과 광산구청의 지원을 받아 '바람개비꿈터 공립지역아동센터'로 전환되어 운영되고 있음. 현재 이 센터는 관리자 및 담당 선생님, 그리고 지역 내 자원봉사자들이 중심이 되어 초등학생을 대상으로 한국어와 영어 교육 등 돌봄 프로그램을 운영하고 있음.
고려인법률지원단	2017	고려인동포 대상의 무료법률상담 지원.
고려인인문사회연구소	2018	국내 거주 고려인동포 관련 학술, 연구 활동.
고려인광주진료소	2018	고려인동포 대상의 무료진료 활동.

출처: 선봉규(2017)와 사단법인 고려인마을 홈페이지 참조

(2) 고려인동행위원회: 사회적 지원 · 후원 체계 구축

광주광역시 고려인마을은 광주광역시기독교단협의회를 중심으로 광주시사회복지공동모금회, 법무부 법사랑위원 광주지역연합회, 민주평화

사진 4.6 광주 고려인마을의 고려인광주진료소 무료 이동진료 활동〉[60]

60 출처: 사단법인 고려인마을 홈페이지(http://www.koreancoop.com)

광주회의 등과 함께 '고려인동행위원회'를 조직하여 지역사회 내 지원, 후원 체계를 구축하였다. 고려인동행위원회는 원래 2017년 고려인 강제이주 80주년을 기념하기 위해 설립되었던 '고려인강제이주 80주년 기념사업추진위원회'를 개편하여 설립된 것이다. 산하 조직으로는 자문위원단, 법률지원단, 의료지원단, 기독교 상생협력단, 지역주민 상생협력단, 시민사회 상생협력단, 콘텐츠 소통단, 동행위원 등으로 구성되어 있다.

광주광역시 고려인마을은 병원, 교회, 사회복지단체, 대학, 지자체 유관기관 등과 협약을 맺어 다양한 차원의 지원 및 후원 활동을 전개하고 있다. 주요 협약기관을 살펴보면 아래 〈표 4.7〉과 같다.

표 4.7 광주광역시 고려인마을의 협약기관

구분	협약연도	협약기관명
병원	2014	허바킴병원
	2014	광주미즈피아병원
	2014	광주아이퍼스트병원
	2014	빛고을안과
	2014	신가병원
	2014	의료법인 인광의료재단
	2014	시엘병원
	2014	한국의료컨설팅
	2015	광주수완병원
	2016	서구우리아동병원
	2016	광산구정신건강증진센터
	2017	전남대 치과병원
	2017	바른안과
	2018	고려인을 사랑하는 광주의료인모임
	2018	국립나주병원
	2018	화순전남대병원

구분	협약연도	협약기관명
교회	2017	큰사랑교회
	2017	광주백운교회
사회복지단체	2014	광주사회복지공동모금회
	2017	광주광역시시각장애인복지관
	2017	월드비전무진종합사회복지관
대학 및 연구기관	2015	남부대 사회봉사단
	2017	한국외대
	2017	호남대 Linc 사업단
	2018	한국경영사학회
지자체 유관기관	2016	광주여성새로일하기지원본부
	2018	광주광역시 인권평화협력관
	2018	광주전남연구원

(3) '고려인의 날' 축제[61]

광주광역시 고려인마을에서는 다른 지역에 살고 있는 고려인동포들과 달리 매년 10월 세 번째 일요일에 '고려인의 날' 축제를 개최하고 있다. 이 축제는 2013년 '고려인 주민지원조례' 제정을 기념하기 위해, 10월 세 번째 일요일을 '고려인의 날'로 지정하여 축제를 개최하고 있다.

2014년 10월 19일에 제2회 고려인의 날 축제는 '고려인 주민 한마당'이라는 이름으로, 고려인마을의 정기적인 축제로 자리 잡아가기 시작했다. 고려인 마을 주민 700여 명과 윤장현 광주광역시장 등 지자체 관련 인사들이 다수 참석하였다. 축제의 주요 프로그램은 고려인의 과거와 현재

61 광주광역시 고려인마을의 고려인의 날 축제에 관한 내용은 다음의 홈페이지에서 발췌함. http://www.wiki.hufscon.com/index.php?title=%EA%B4%91%EC%A3%BC_%EA%B3%A0%EB%A0%A4%EC%9D%B8%EB%A7%88%EC%9D%84_%EA%B3%A0%EB%A0%A4%EC%9D%B8%EC%9D%98_%EB%82%A0_%EC%B6%95%EC%A0%9C(검색일: 2018.05.24.)

사진 4.7 광주 고려인마을 추석맞이 고려인가족 한마당 축제

를 담아낸 사진들도 전시되었고, 고려인 마을 주민들로 조직된 아리랑 가무 단원의 공연과 초등학생들의 사물놀이 공연, 광주에서 유명한 품바 가수인 남궁철주의 공연도 이어졌다. 이외에 고려인을 위한 무료 건강검진과 고려인 특별법 개정을 위한 서명운동도 전개했다. 제3회 고려인의 날 축제는 2015년 10월 18일에 개최되었다. 제3회 축제는 제1, 2회 축제 때와 마찬가지로 한국 및 고려인 전통 음식 나누기, 고려인 사진전, 러시아와 중앙아시아 민속 음악 공연 및 희망의 풍선 날리기 행사 등이 펼쳐졌다. 고려인을 위한 무료건강검진과 무료급식도 광주시와 적십자사 광주전남지사를 비롯한 여러 단체의 후원으로 이루어졌다. 이날 행사에서는 광산소방서에서 현장응급의료소도 운영하였고, 심폐소생술 체험 교육을 전개했다. 제4회 고려인의 날 축제는 2016년 10월 16일에 개최되었으며, 고려인 사진전과 전통 음식 체험, 중앙아시아 문화 공연 등으로 이루어졌으며, 광주시와 적십자사 광주 전남지사를 비롯한 여러 단체의 후원으로 무료 진료, 무료 급식 등이 제공되었다. 2017년 10월 15일에 개최된 제5회 고려인의 날 축제는 고려인 강제이주 80주년을 맞아 광주를 비롯한 전

남에 거주하는 고려인 동포, 서울, 부산, 경기, 충청, 전북 등에 거주하는 1000여 명의 고려인 동포가 참가하였다. 축제의 내용은 이전과 다르지 않게 사진전, 축하공연, 희망의 풍선 날리기, 전통음식 나누기 등으로 진행되었다. 이외에도 중앙아시아 전통의상 체험, 러시아 전통 인형 마트료시카 만들기 체험 활동이 함께 이루어졌다.

이와 같이 '고려인의 날' 축제는 광주광역시에 정착하여 살아가고 있는 고려인동포들이 고려인이라는 하나의 이름으로 마음을 모으고 강하게 뭉치게 하며, 정체성을 공유하면서 공동체 의식을 함양하는 장으로 자리잡아 가고 있다.

2) 경기도 안산시 고려인마을의 네트워크

(1) '안산시 고려인문화센터'의 설립과 주요 활동

2013년 광주광역시의 고려인 주민 지원 조례 제정 이후, 경기도와 안산시에서도 고려인 주민 지원을 위한 조례가 최근 제정되었다. 경기도는 2016년 2월 4일에 '경기도 고려인 주민 지원 조례'를 제정하였다. 조례의 주요 내용은 경기도에 체류하고 있는 고려인의 경제적 자립기반 마련, 집중거주지에 대한 환경개선, 의료지원, 지원센터의 설치, 각종 포상 규정 등을 담고 있다. 안산시에서는 2017년 12월 19일에 '안산시 고려인 주민 지원 조례'를 제정하였다.

현재 안산시 고려인마을의 주요 활동은 2016년 10월에 설립된 '고려인문화센터'에서 이루어지고 있다. 고려인문화센터는 국비 3억원, 도비 4억 5천, 시비 3억 5천 등 총 11억 원의 예산을 들여 개소하였다.[62] 고려인

62 "안산 땟골 고려인마을, 150년 유랑생활 … 이제 정착하려 합니다." 중부일보, 2016. 11.04. http://news.joins.com/article/20821203(검색일: 2018.03.05.)

문화센터는 지하 1층에 고려인들의 이주 역사를 한 눈에 볼 수 있는 전시관과 다목적 회의실, 지상 1층에는 상호 의사소통과 한국문화를 이해할 수 있도록 한국어 교육장과 상담실이 있으며, 지상 2층에는 청소년들의 공부방과 방과 후 교실 등으로 구성되어 있다. 고려인문화센터의 주요 사업내용을 보면, 고려인 주민을 위한 한국어 교육 · 상담, 문화 · 체육행사, 고려인 주민 자녀 교육 · 보육 지원 사업, 고려인 주민 지원을 위한 정보제공 및 관련 기관 · 단체와의 서비스 연계, 지역주민의 고려인 이해, 내 · 외국인 상호 소통 및 교류를 위한 사업 등이다.[63]

고려인문화센터는 고려인 한글야학 활동을 해온 사단법인 너머가 2017년 8월부터 2019년 12월 31일까지 위탁 운영을 하고 있다. 센터의 2018년 예산을 보면, 인건비(1억 2124만 원), 운영비(5천 676만 원), 사업비(9천 2백만 원) 등 총 2억 7천만 원이 책정되어 사용되고 있다. 센터의 주요 프로그램은 아동 청소년 프로그램과 성인 프로그램으로 나누어 진행되고 있다. 아동 청소년 프로그램은 한국어, 수학, 러시아어, 컴퓨터, 태권도, 댄스, 미술, 바이올린, 농구, 한국어 책읽기, 토픽(TOPIK), 멘토수업 등으로 구성되어 있다. 성인 대상 한국어 수업은 초급반, 중급반, 기초반, 회화반(생활러시아, 한국어회화), 성인 토픽(TOPIK) 반으로 나누어 진행되고 있다.

또한 고려인문화센터는 안산시 외국인주민센터, 안산시민원탁회의, 한겨레 두레 협동조합, 안산시 평생학습관, 사랑의 열매, 안산시 마을만들기 지원센터, 동북아평화연대 등 지역사회의 유관단체 및 국내 NGO들과 연대하여 고려인동포들이 지역사회에 안정적으로 정착하는데 필요한 지원활동을 벌이고 있다.

---

63 안산시 고려인 문화센터 홈페이지: http://www.koreansan.org/?page_id=1213(검색일: 2018.03.06.)

(2) '전국 고려인네트워크' 구축 활동

너머와 고려인문화센터는 국내 거주 고려인동포의 안정적인 정착과 체류를 위해 '고려인 특별법' 개정을 요구하는 등 법, 제도적 차원의 개선사업을 중점적으로 추진하고 있다.[64] 그 대표적인 사업이 '전국 고려인네트워크 추진위원회' 지원 활동이다. 전국 고려인네트워크 추진위원회는 안산시를 비롯하여 전국 각 지역에 정착하고 있는 고려인들이 고려인의 국내정착을 위한 특별법 개정, 고려인 4세의 재외동포 인정, 무국적 고려인의 인도적 지원 등을 요구하는 '고려인 만민회의'를 준비해왔다. 전국 고려인네트워크 구축을 위한 추진 과정을 살펴보면 아래 〈표 4.8〉과 같다.

표 4.8 전국 고려인네트워크 구축을 위한 추진 과정

일시	주요 내용
2017.04	고려인대회준비위원회 출범
2017.05	문재인 대통령 후보자 김상곤 선거대책위원장에게 고려인 정책 전달
2017.06	청와대 하승창수석 면담 김경협, 전해철 국회의원과 고려인특별법 개정안 발의 기자회견
2017.07	국회 고려인의 불안한 체류 사례 보고대회(인천, 천안, 안산, 서울 참여) 고려인대회 추진을 위한 전국 고려인네트워크 준비회의 1차 모임(안산 지역 모임) 전국 고려인네트워크 준비회의 2차 모임(인천, 경기광주 지역 참여)
2017.08	전국 고려인네트워크 준비회의 3차 모임(인천, 서울, 경기광주, 천안 참여) 전해철 국회의원 고려인 특별법 발의
2017.09	고려인대회를 위한 전국 홍보: 고려인 특별법 개정을 위해 오늘 우리는 여기 모였다. 전국 고려인네트워크 4차 모임(천안, 인천, 서울, 경기도 광주, 전해철국회의원 참여 격려) 고려인대회 준비를 위한 지역 설명 활동(광주, 서울)

64 법무부는 9월 12일에 그동안 '4세대' 고려인동포 등이 재외동포로 인정받지 못해 국내에 부모가 정주하고 있어도 다른 외국인과 마찬가지로 체류기간이 제한되는 단기방문(C-3) 비자를 받아 본국과 우리나라를 오갈 수밖에 없었는데, 2019년 6월까지 한시적으로 방문동거(F-1) 자격을 부여하기로 했다.

일시	주요 내용
2017.09.17	'고려인만민회의' 개최(참가자: 서울, 안산, 천안, 경주, 김해, 안성, 광주, 경기도 광주, 인천, 시화, 아산 등
2017.10.08	고려인대회 평가와 향후 방향 회의: 천안 개최(지역별 15명 참가-안산, 광주, 경주, 서울, 천안)

2017년 9월 17일에 열린 고려인만민회의는 무엇보다 국내에 거주하고 있는 고려인들이 스스로 단체를 구성하여, 고려인의 법적 지위 문제와 안정적인 정착을 위한 제도 개선 등과 관련하여 공식적으로 토론회를 개최했다는 데 의의가 있다. 고려인만민회의에서는 고려인 강제이주 80년을 맞아 '고려인 80인 선언문'을 발표하였다. 선언문의 일부를 소개하면 다음과 같다.

> 대한민국에서 일하고 공부하는 우리들을 도와주십시오.
>
> 모국어와 모국의 문화 및 역사를 다시 잘 알 수 있게 도움을 주십시오.
>
> 이곳 조상들의 조국에서 가족 및 지역단체를 만들 수 있도록 도와주십시오.
>
> 지금까지 우리 고려 사람들은 근면함과 일에 대한 열정 덕분에 살아남았습니다. 고려 사람들의 농업, 과학, 문화 및 예술 등 다양한 활동영역에서의 업적은 전체적으로는 모든 한민족의 업적인 것입니다. 우리는 우리가 획득한 것들이 대한민국에 필요하고 유용하게 쓰이길 기대합니다.
>
> 우리 고려 사람은 다음과 같이 선언합니다.
>
> 첫째, 우리는 무너진 우리의 삶을 스스로 그리고 협력하여 새롭게 복구할 것이다. 우리는 우리가 한인이라는 자아의식과 정체성을 공고히 할 것이다. 둘째, 우리는 대한민국의 헌법, 한국의 문화와 역사를 존중하고 이를 공부할 것이다. 셋째, 우리는 우리의 형제들과 함께 살 것이며 대한민국 사회의 유용한 구성원이 될 것이다(임 이고리 외 고려사람 79인).[65]

---

65 재외동포신문, 2017.09.18.

V

코리안 디아스포라의 언어 사용과 민족 교육

1. 코리안 디아스포라의 주류언어 사용

1) 디아스포라의 적응과 거주국의 언어

모든 이주자들은 언어 · 음식 · 생활양식 · 관습 · 제도 등 근원적으로 문화적 배경이 다른 거주국사회에서 새롭게 적응해야 하는 과제에 직면한다(선봉규, 2014, 332). 이같이 이주자들이 거주국사회에서 적응, 정착하는 과정에서 발생하는 다양한 사회문화적 현상을 탐구하는 '문화접변'(acculturation) 연구가 진행되고 있다. 대표적으로 베리(Berry)는 이주자가 '모국의 문화적 정체성과 특성을 유지할 것인가'와 '주류사회와 관계를 유지할 것인가'라는 두 가지 기준에 따라 통합, 동화, 분리, 주변화 등 네 가지의 문화접변전략[1]이 나타난다고 보았다(Berry, 1997, 10).

다민족 · 다인종 · 다문화사회에서 이주자들의 문화접변 양상을 분석하기 위해 사용되는 척도들은 단일차원척도, 이중차원척도 등으로 구분된다. 단일차원척도에서 사용되는 주요 항목들은 언어사용, 친교관계, 민족정체성, 행동, 이민세대, 태도 등이 포함된다(Suinn, Rickard-Figueroa, Lew & Vigil, 1987). 이중차원척도에서 사용되는 주요 항목들은 언어선호, 음악선호, 사회적 상호관계의 태도 및 행동, 의사소통 방식 등이다(Barry, 2001). Barry 이외에도 이중차원척도를 사용한 연구자들을 보면, Marin & Gamba(1996)는 언어 구사력 및 선호, 대중매체 등을 사용했으며, Stephenson(2000)는 언어, 사회적 상호작용, 음식, 대중매체와 관련된 태

1 통합전략은 거주국의 주류사회에 적극적으로 참여하고 긍정적인 관계를 형성하는 것과 동시에 자신의 문화적 정체성을 유지하는 것을 의미한다. 이같이 통합전략은 소수의 지위를 가진 이주자들이 거주국사회에서 정치적 평등, 사회통합, 안정적인 사회 정착에 매우 적합한 유형으로 제시되고 있다(박정의 · 성지연, 2012, 12).

도 등을 통해 문화접변 양상을 분석하였다.[2]

국내에서도 결혼이주여성과 이주노동자들이 증가하면서 이들의 문화접변 양상을 분석하는 연구 성과들이 나타나고 있다. 김연수(2011)는 여성결혼이민자들의 문화적응을 알아보기 위해 언어, 음식, 전통 및 관습, 한국인 및 모국인과의 교류, 대중매체, 정체성 등을 척도로 사용했다. 이와 같이, 이주자들의 문화접변 양상을 분석하는데 사용되는 척도 중에서 대부분 언어 사용이 포함되어 있음을 알 수 있다. 이러한 사실에서 이주자가 거주국사회에 안정적으로 적응, 정착하기 위해서는 주류사회에서 통용되고 있는 언어에 대한 습득이 매우 중요하다는 점을 알 수 있다.

최근 재외동포사회는 이주의 역사에 따라 국가별 차이는 존재하지만 주류사회에 진출하는 사례가 증가하고 있다. 재외동포 중 이주의 역사가 오래된 CIS 고려인, 중국조선족, 재일한인사회는 2세에서부터 4세들이 주류사회에 진출하고 있는 반면, 상대적으로 이주의 역사가 짧은 재미한인 사회는 어린 나이에 부모를 따라 이민을 간 1.5세와 현지에서 출생하고 성장한 2세들의 영향력이 증대되고 있다(윤인진 · 임창규, 2008, 410). 이러한 재외동포사회의 변화에 맞게 동포사회뿐만 아니라 정부에서도 재외동포들의 주류사회 진출을 위한 정부차원의 관심이 증대되고 있다.[3] 특히 미국, 캐나다, 호주 등의 동포사회에서 동포들의 주류사회 진출에 대한 관심이 부각되면서 주류사회의 문화 수용이나 주류언어 습득의 중요성이 높아지고 있다.

---

2 자세한 이주자의 문화접변 척도는 선봉규(2014), "한민족 디아스포라의 문화변용 연구: 중국조선족과 재일코리안을 중심으로", 『민족문화논총』 제56집, pp. 334-335를 참조

3 김대중 전 대통령은 2000년 9월 미국을 방문하여 뉴욕지역동포간담회에서 1.5세와 2세들을 미국 주류사회에 진출하도록 지원을 아끼지 않을 것이라 한 바 있다(미주한국일보, 2000.09.08); 박근혜대통령은 지난 2013년 5월에 미국을 방문하여 LA지역동포간담회에서 동포의 미국 주류사회 진출을 위해 정부차원의 협조를 지원하겠다고 약속했다. 중앙일보, 2013.05.10.

일반적으로 이주자들은 모국을 떠나 새로운 사회에 정착, 적응하는 과정에서 모국과 거주국 주류사회의 문화적 차이를 경험하게 되고, 거주국에서 통용되는 언어의 장벽을 만나게 된다. 특히 거주국사회에서 통용되는 언어에 능숙하지 못하면 생활에 많은 어려움을 겪게 된다. 예컨대, 이주민 자녀들의 경우 주류언어 수준이 낮으면 학교에서 좋은 성적을 기대하기 어려울 것이며, 성인의 경우 좋은 일자리를 구하기 힘들 것이다(모경환 · 황혜원, 2013, 43-44). 이같이 이주자들이 가지고 있는 주류언어 소통의 어려움은 사회 구성원과의 사회적 접촉을 꺼려하고, 문화적 결핍을 초래함으로써 새로운 문화에 대한 적응 및 주류사회로의 진입을 방해하는 걸림돌이 되고 있다.[4]

2) 코리안 디아스포라 거주국의 언어정책

(1) 중국의 언어정책

중국은 55개 소수민족 중 36개 소수민족이 과계민족이어서 변경국가와의 관계를 매우 중시하고 있다(임채완 · 선봉규, 2013, 143). 이러한 맥락에서 중국은 헌법과 민족구역자치법 등에서 소수민족에 대한 우대정책을 명시하고 있다. 중화인민공화국 헌법 제4조에 의하면, "각 민족은 모두 자기의 언어와 문자를 사용하며 발전시킬 자유를 가진다"고 명시되어 있다(오성애, 2010, 187). 민족구역자치제도는 소수민족의 자치를 보장하는 제도로서, 인민대표대회제도와 정치협상회의제도와 함께 중국의 3대 기본 정치 제도라 할 만큼, 특정 집거지내에서 소수민족의 자치를 허용하고 있다(이규태 ·

4 이주자들은 거주국사회에서 적은 인구로 소수자의 지위를 가지며, 주류사회에서 통용되는 언어의 장벽이나 문화적 차이로 인해 주류사회로 들어가지 못하고 동족끼리 집단을 형성하는데 몰두하는 경향이 있다.

구광범, 2011, 76).[5]

중국의 소수민족 언어 및 문자 정책은 크게 네 가지로 나눌 수 있다. 첫째, 민족 평등의 원칙을 바탕으로 언어 문자사용의 자유 정책; 둘째, 소수민족 문자의 제정과 개혁 추진 정책; 셋째, 민족 언어 교육과 한어 교육의 상호 학습 권장 정책; 넷째, 소수민족 언어 및 문자 연구에 종사하는 인재 양성의 지원정책 등이다(이종열, 2013, 144).

중국사회에서 통용되는 언어는 한어이기 때문에 민족 언어 사용의 자유 및 교육 존중에도 불구하고 한어 교육은 매우 중요하다. 이와 같은 이유로 소수민족 집거지역에서 학교 교육과정에 한어 교육의 비중을 높이고 있다. 이른바 소수민족 자치지역에서 민족어와 한어를 배우는 이중 언어 교육이 중요해지고 있다. 연변조선족자치주의 조선족학교에서도 이중 언어 교육 시스템을 운영하고 있다.[6] 기본적으로 연변조선족자치주에서는 주의 공식적인 행사에서 민족자치주의 특징을 살리기 위해 민족어인 조선어를 우선적으로 사용하고 한어를 번역하여 사용하고 있다. 주의 공식적인 매체, 정부문서, 도로표지 및 회사의 간판을 보면 조선어와 한어를 동시에 사용하고 있으며, 공공사업기관이나 회사에서는 이중 언어 사용자를 더 선호하고 있다. 그렇기 때문에 중국사회에서 이중 언어 사용자는 주류사회 진출이나 직업선택에서 더욱 우세한 조건을 가지게 된다(마금선, 2009, 63).

5 중국의 소수민족자치 현황을 보면, 자치구 5개, 자치주 30개, 자치현 120개 등 총 155개의 민족구역자치지방에서 구역자치를 실시하고 있다.

6 현재 연변지역은 많은 조선족이 돈을 벌려고 자녀들을 데리고 한국이나 중국의 다른 대도시로 대거 빠져나가면서 조선어 교육의 위기를 겪고 있다. 한 때 40만 명에 달했던 동북 3성의 중 · 고등학생은 중국 내륙 도시와 한국으로 떠나 2만 3천여 명 정도 남아 있으며, 전체 조선족학교의 60%가 폐교되거나 한족 학교에 통합된 것으로 나타났다. 연합뉴스, 2015.07.19.

(2) 일본의 언어정책

일본은 기본적으로 공식적인 이민을 허용하지 않는다.[7] 다만, 광의의 의미에서 비공식적인 외국인 노동자들을 1990년 이후 국내 노동력 부족 현상을 해소하고자 외국인의 장기체류를 허용하고 있다(안천, 2011, 61). 일본은 합법적인 이민을 인정하지 않기 때문에 국내 거주 외국인에 대한 구체적인 언어정책에 관해 헌법 등에 명시되어 있지 않다. 일본의 언어정책의 특징을 살펴보면 다음과 같다(이해영 · 이준호, 2012, 120-127).

1990년 '출입국 관리법 및 난민 인정법'의 개정을 통해 일본계 브라질인들이 대거 입국하면서 일본어 지원 정책에 대한 필요성이 제기되었다. 특히 2008년 '리먼 쇼크'[8]로 일본계 브라질인의 실직이 사회적인 문제로 부각되었으며, 이들의 실직사태의 주요 원인이 일본어 능력 부족을 포함한 일본사회의 부적응으로 밝혀지면서 언어 정책 수립의 필요성이 강력하게 제기된 것이다. 일본의 일본어 교육 정책은 외국인 집주지역을 중심으로 지방자치단체와 민간단체가 중심이 되어 지역의 특성에 맞는 프로그램을 개발하여 운영하고 있다는 것이 특징적이다. 즉, 일본의 언어정책은 주류언어로서의 일본어 교육 및 일본 문화 지원 관련 프로그램 운영과 지역에 거주하고 있는 정주 외국인의 민족어 및 민족문화 지원 정책을 실시하고 있다.

일본사회에서 주류언어인 일본어 교육 정책은 크게 성인 대상과 청소년 대상의 교육 프로그램이 진행되고 있다. 첫째, 성인 대상 일본어 교육 정책은 '생활자로서의 외국인을 위한 일본어 교육 사업'이 대표적이라

---

7 이 같은 정책의 결과 일본 내 외국인 비율은 1.63%에 불과해 세계 최저로 나타났다. 헤럴드경제, 2014.11.21. 일본 거주 외국인은 2010년 현재 2,134,151명이며, 이중 중국(687,156명), 한국 · 조선인(565,989명), 일본계 브라질인(230,552명), 필리핀(210,181명) 등이 1,693,878명으로 약 80%에 이르고 있다. 안천(2011), p. 66.

8 2008년 9월 15일, 세계 4위의 투자은행인 리먼 브라더스(Lehman Brothers)가 미국 연방법원에 파산신청을 하면서 글로벌 금융위기를 초래하였다.

할 수 있다. 이 프로그램의 세부 내용은 생활자로서의 외국인을 위한 일본어 교실, 일본어 능력을 가진 외국인 등을 대상으로 한 일본어 지도자 양성, 자원봉사자를 대상으로 한 실천적 연수 등이다. 둘째, 청소년 대상 일본어 교육은 등교 지원 사업, 무지개 교실 위탁 사업, JSL(Japanese as a Second Language) 사업을 추진하고 있다. 등교 지원 사업과 무지개 교실 위탁 사업은 대부분 일본계 브라질인 자녀를 대상으로 프로그램을 운영하고 있다.

(3) 카자흐스탄의 언어정책

1991년 소련 해체 이후 카자흐스탄은 독립을 선포하고 카자흐 민족 중심의 정책을 펼치고 있다. 카자흐스탄은 카자흐 민족 중심의 권력을 구축하고, 경제적 부의 분배 과정에서 카자흐인을 선호하고, 특별한 지위를 부여하는 '카자흐화' 정책을 광범위하게 추진하고 있다. 카자흐화 정책의 대표적인 것으로, 카자흐어의 국가언어 지정이다. 카자흐스탄을 포함하여 중앙아시아의 각 국가들은 과거 소련 지배의 유산을 청산한다는 의미에서 자신들의 민족어를 국가의 공식 언어로 선포했다.

카자흐스탄의 언어법 제4조에 따르면, "카자흐스탄의 국가어는 카자흐어이다"라고 명시되어 있다. 또한 "국어는 행정, 법령, 공문서, 공공단체를 비롯하여 사회의 모든 분야에서 사용되는 언어이다. 국가어를 향유하는 것은 카자흐스탄 국민의 의무이며, 국어는 카자흐스탄 국민을 통합하는 중요한 도구이다. 국어를 백방으로 발전시키고 국제적 영향력을 높이는 것, 해외에 거주하고 있는 카자흐인들의 카자흐어 유지에 가능한 모든 도움을 주는 것은 정부, 행정부, 지방행정부와 집행기관들의 의무"라고 명시하고 있다(파르피에브 스름, 2015, 20). 카자흐스탄은 국가어로써 카자흐어를 지정했지만, 현실적으로 러시아어는 공용어이자 민족 간 소통언어로 사용되고 있다. 카자흐스탄의 TV, 신문 등 각종 언론매체는 카자흐어와 러시아어를 공용으로 사용하고 있다. 이와 같이 카자흐스탄에서 러시아어가 공용어로 지정된 이유는 러시아의 영향뿐만 아니라 다수의 젊은 카자흐스탄인들이 카자흐어를 사용하지 못하는 현실과 연관이 있다(이영형, 2009, 227).

(4) 연구대상 및 방법

이 연구의 조사대상은 다른 지역에 비해 이주의 역사가 상대적으로 빠른 중국조선족, 재일한인, 카자흐스탄 고려인이다. 현재 중국에 거주하고 있는 조선족은 183,929명으로 주로 길림성, 흑룡강성, 요녕성 등 동북 3성 지역에 집중 거주하고 있다(인민넷, 2012년 07월 23일). 일본에 거주하고 있는 재일한인은 519,737명이며, 주로 오사카, 도쿄 등에 집중 거주하고 있다(재일본대한민국민단 홈페이지). 카자흐스탄에 거주하고 있는 고려인은 105,400명이며, 주로 알마티, 크즐오르다, 카라간다에 거주하고 있다(외교부 홈페이지).

이 연구는 중국조선족, 재일한인, 카자흐스탄 고려인의 주류언어 사용 실태를 살펴보기 위해 설문조사를 실시했다. 설문조사 기간은 2014년 2월부터 3월까지 진행되었다. 중국조선족 설문지는 250부, 카자흐스탄 고려인 설문지는 159부, 재일한인 설문지는 141부 등 550부를 회수하였으며, 이중 불성실하게 기입된 중국조선족 11부, 재일한인 1부를 제외한 538부를 분석자료로 활용하였다. 중국조선족의 설문지는 연변조선족자치주의 연길시, 도문시, 용정시, 화룡시, 훈춘시, 왕청현에 거주하고 있는 조선족을 대상으로 실시했다. 재일한인의 설문지는 도쿄, 사이타마, 가나가와 등 간토지역에 거주하고 있는 한인들을 대상으로 실시했다. 카자흐스탄 고려인의 설문지는 알마티, 탈디코르간, 우쉬토베 등에 거주하고 있는 고려인을 대상으로 실시했다. 구체적인 설문조사 응답자의 일반적 특성을 살펴보면 다음과 같다.

중국조선족은 239명으로 44.4%를 차지하며, 재일한인은 140명으로

26.0%, 카자흐스탄 고려인은 159명으로 29.6%를 차지했다. 성별은 남성이 287명으로 53.4%, 여성은 251명으로 46.6%이다. 연령을 보면 20대 이하가 117명으로 21.8%, 30대가 111명으로 20.6%, 40대가 130명으로 24.2%, 50대가 81명으로 15.1%, 60대가 55명으로 10.2%, 70대 이상이 44명으로 8.2%이다. 교육수준을 보면 초등학교 졸업이 12명으로 2.2%, 중학교 졸업이 73명으로 13.6%, 고등학교 졸업이 113명으로 21.0%, 2년제 대학졸업이 126명으로 23.4%, 4년제 대학 졸업이 163명으로 30.3%, 대학원 졸업이 51명으로 9.5%이다. 직업현황을 보면, 전문관리직이 73명으로 13.6%, 일반전문직이 118명으로 21.9%, 공무원이 31명으로 5.8%, 사무직이 105명으로 19.5%, 판매직이 27명으로 5.0%, 서비스직이 58명으로 10.8%, 농업 · 임업 · 수산업이 15명으로 2.8%, 가정주부가 21명으로 3.9%, 기타가 55명으로 10.2%이다.

이 연구에서는 중국조선족, 재일한인, 카자흐스탄 고려인의 주류언어 사용 실태를 살펴보기 위해 인구사회학적 특성 5문항(성, 연령, 교육, 직업, 연 소득)[9]과 주류언어의 사용 실태 관련 5문항을 조사하였다. 주류언어의 사용 실태는 '주류언어(한어, 일본어, 카자흐어)의 구사 수준' 1문항, '일상생활에서 주류언어의 사용 실태' 4문항 등을 살펴보았다. 측정척도는 리커트(Likert)의 5점 척도를 사용하였다.

이 연구에서 분석방법은 첫째, 회수된 설문지를 기초로 SPSS Statistics 20.0을 이용하여 분석하였다. 조사대상자와 관련된 인구사회학적 특성을 파악하기 위해 빈도분석과 백분율을 구하였다. 둘째, 중국조선족, 재일한인, 카자흐스탄 고려인의 주류언어 사용 실태를 알아보기 위해 t-검정, 분산분석(ANOVA)를 실시했다.

9 연 소득은 국가별 경제수준 간 차이가 있어 제외함.

3) 코리안 디아스포라의 거주국 언어 사용 실태

한민족 디아스포라 – 중국조선족, 재일한인, 카자흐스탄 고려인 – 의 주류언어 구사 수준과 일상생활에서 주류언어 사용 실태가 대상별, 인구사회학적 특성별로 어떠한 차이가 나타나는지 알아보기 위해 t-검정과 분산분석을 실시했다.

(1) 주류언어 구사 수준

한민족 디아스포라의 주류언어 구사에 대한 성별 차이를 알아보기 위해 t-검정을 실시한 결과, 남성이 평균 3.32로 여성의 2.79보다 높게 나타나 통계적으로 유의미한 것으로 조사되었다.

표 5.1 주류언어 구사 수준: 독립표본 t-검정 결과

구분	변수	빈도	평균	표준편차	t(p)
성별	남성	287	3.32	1.420	4.406 (.000)
	여성	251	2.79	1.346	

한민족 디아스포라의 주류언어 구사 수준에 대한 대상, 연령, 교육수준, 직업별 차이를 알아보기 위해 분산분석을 실시하였다. 첫째, 재외동포 대상별 결과를 보면, 전반적으로 중국조선족과 재일한인의 주류언어 구사 수준이 카자흐스탄 고려인 보다 높게 나타났으며, 이는 통계적으로 유의미한 것으로 조사되었다. 둘째, 연령별 결과를 보면, 전체적으로 유의미한 결과가 나타나지 않았다. 셋째, 교육수준별 결과를 보면, 4년제 대학 졸업과 대학원 졸업자가 다른 집단들보다 평균값이 높았으며, 통계적으로 유의미한 것으로 나타났다. 넷째, 직업별 결과를 보면, 전문관리직과 일반전문직, 공무원 집단이 다른 집단에 비해 평균값이 높았으며, 통계적으로 유

의미한 것으로 나타났다.

표 5.2 주류언어 구사 수준: 분산분석 결과

구분	변수	빈도	평균	표준편차	F(p)	사후검정
재외동포 대상	중국조선족(a)	239	3.62	.954	207.197 (.000)	a 〉 c b 〉 c
	재일한인(b)	140	3.78	1.489		
	카자흐스탄 고려인(c)	159	1.64	.696		
연령	20대 이하	117	2.94	1.295	2.482 (.031)	N/A
	30대	111	3.53	1.327		
	40대	130	3.70	1.466		
	50대	81	3.32	1.572		
	60대	55	2.75	1.109		
	70대 이상	44	2.68	1.052		
교육 수준	초등학교 졸업(a)	12	2.50	1.087	34.636 (.000)	a 〈 e, f b 〈 e, f c 〈 e, f d 〈 e, f
	중학교 졸업(b)	73	2.64	1.005		
	고등학교 졸업(c)	113	2.65	1.375		
	2년제 대학 졸업(d)	126	2.36	1.268		
	4년제 대학 졸업(e)	163	3.77	1.279		
	대학원 졸업(f)	51	4.33	.909		
직업	전문관리직(a)	73	3.34	1.416	9.748 (.000)	a 〉 d, f b 〉 d, e, f c 〉 d, e, f, g
	일반전문직(b)	118	3.58	1.081		
	공무원(c)	31	3.97	1.169		
	사무직	105	3.22	1.525		
	판매직(d)	27	2.11	1.311		
	서비스직(e)	58	2.45	1.416		
	생산직(f)	35	2.20	1.431		
	농업	15	2.60	1.056		
	가정주부(g)	21	2.33	1.155		
	기타	55	2.96	1.217		

주: N/A=해당 자료 없음

(2) 주류언어의 전달 수준

한민족 디아스포라의 주류언어 전달 수준에 대해 성별 차이를 알아보기 위해 t-검정을 실시한 결과, 남성이 평균 3.87로 여성의 3.28보다 높게 나타나 통계적으로 유의미한 것으로 조사되었다.

표 5.3 주류언어 전달 수준: 독립표본 t-검정 결과

구분	변수	빈도	평균	표준편차	t(p)
성별	남성	287	3.87	1.300	5.006 (.000)
	여성	251	3.28	1.396	

한민족 디아스포라의 주류언어 전달 수준에 대해 대상, 연령, 교육수준, 직업별 차이를 알아보기 위해 분산분석을 실시하였다. 첫째, 재외동포 대상별 결과를 보면, 재일한인이 상대적으로 중국조선족과 카자흐스탄 고려인에 비해 평균값이 높게 나타나 유의미한 것으로 조사되었다. 그리고 중국조선족은 카자흐스탄 고려인보다 평균값이 높은 것으로 조사되었다. 둘째, 연령별 결과를 보면, 40대가 평균값이 높게 나타났으며, 20대, 60대, 70대와 비교하여 통계적으로 유의미한 것으로 나타났다. 셋째, 교육수준별 결과를 보면, 4년제 대학 졸업과 대학원 졸업자가 다른 집단들보다 평균값이 높았으며, 통계적으로 유의미한 것으로 나타났다. 넷째, 직업별 결과를 보면, 일반전문직이 판매직, 서비스직, 생산직과 비교하여 통계적으로 유의미한 것으로 나타났으며, 공무원이 판매직, 서비스직, 생산직, 가정주부와 비교하여 통계적으로 유의미한 것으로 나타났다.

표 5.4 주류언어 전달 수준: 분산분석 결과

구분	변수	빈도	평균	표준편차	F(p)	사후검정
재외 동포 대상	중국조선족(a)	239	4.02	.884	330.311 (.000)	a 〈 b, c 〈 a, a, c 〈 b
	재일한인(b)	140	4.61	.735		
	카자흐스탄 고려인(c)	159	2.06	1.106		
연령	20대 이하(a)	117	3.34	1.475	5.317 (.000)	a 〈 b, b 〉 c, d
	30대	111	3.75	1.275		
	40대(b)	130	4.01	1.355		
	50대	81	3.58	1.474		
	60대(c)	55	3.20	1.129		
	70대 이상(d)	44	3.18	1.147		
교육 수준	초등학교 졸업(a)	12	3.08	1.165	39.677 (.000)	a 〈 e, f b 〈 e, f c 〈 e, f d 〈 e, f
	중학교 졸업(b)	73	3.10	1.157		
	고등학교 졸업(c)	113	3.20	1.459		
	2년제 대학 졸업(d)	126	2.83	1.386		
	4년제 대학 졸업(e)	163	4.37	.902		
	대학원 졸업(f)	51	4.73	.603		
직업	전문관리직	73	3.71	1.495	6.937 (.000)	a 〉 c, d, e b 〉 c, d, e, f
	일반전문직(a)	118	3.99	.938		
	공무원(b)	31	4.23	1.175		
	사무직	105	3.87	1.387		
	판매직(c)	27	2.78	1.423		
	서비스직(d)	58	3.36	1.553		
	생산직(e)	35	2.77	1.437		
	농업	15	3.00	1.195		
	가정주부(f)	21	2.76	1.261		
	기타	55	3.36	1.296		

(3) TV 드라마의 내용 설명 수준

TV 드라마의 내용 설명 수준에 대해 성별 차이를 알아보기 위해 t-검정을 실시한 결과, 남성이 평균 3.79로 여성의 3.19보다 높게 나타나 통계적으로 유의미한 것으로 조사되었다.

표 5.5 TV 드라마 내용 설명 수준: 독립표본 t-검정 결과

구분	변수	빈도	평균	표준편차	t(p)
성별	남성	287	3.79	1.332	5.029 (.000)
	여성	251	3.19	1.437	

TV 드라마의 내용 설명 수준에 대해 대상, 연령, 교육수준, 직업별 차이를 알아보기 위해 분산분석을 실시하였다. 첫째, 재외동포 대상별 결과를 보면, 재일한인이 상대적으로 중국조선족과 카자흐스탄 고려인에 비해 평균값이 높게 나타나 유의미한 것으로 조사되었다. 그리고 중국조선족은 카자흐스탄 고려인보다 평균값이 높은 것으로 조사되었다. 둘째, 연령별 결과를 보면, 40대가 평균값이 높게 나타났으며, 20대, 60대, 70대와 비교하여 통계적으로 유의미한 것으로 나타났다. 셋째, 교육수준별 결과를 보면, 4년제 대학 졸업과 대학원 졸업자가 다른 집단들보다 평균값이 높았으며, 통계적으로 유의미한 것으로 나타났다. 넷째, 직업별 결과를 보면, 일반전문직이 생산직, 가정주부와 비교하여 통계적으로 유의미한 것으로 나타났으며, 공무원이 생산직, 가정주부와 비교하여 통계적으로 유의미한 것으로 나타났다.

표 5.6 TV 드라마 내용 설명 수준: 분산분석 결과

구분	변수	빈도	평균	표준편차	F(p)	사후검정
재외 동포 대상	중국조선족(a)	239	3.94	.939	380.948 (.000)	a < b, c < a, a, c < b
	재일한인(b)	140	4.61	.735		
	카자흐스탄 고려인(c)	159	1.89	.997		
연령	20대 이하(a)	117	3.20	1.538	6.215 (.000)	a < b, b > c, d
	30대	111	3.73	1.307		
	40대(b)	130	3.92	1.423		
	50대	81	3.54	1.450		
	60대(c)	55	3.04	1.088		
	70대 이상(d)	44	3.09	1.158		
교육 수준	초등학교 졸업(a)	12	3.00	1.206	42.998 (.000)	a < e, f b < e, f c < e, f d < e, f
	중학교 졸업(b)	73	2.97	1.142		
	고등학교 졸업(c)	113	3.07	1.444		
	2년제 대학 졸업(d)	126	2.71	1.419		
	4년제 대학 졸업(e)	163	4.33	.963		
	대학원 졸업(f)	51	4.71	.610		
직업	전문관리직	73	3.71	1.495	6.706 (.000)	a > c, d b > c, d
	일반전문직(a)	118	3.99	.938		
	공무원(b)	31	4.23	1.175		
	사무직	105	3.87	1.387		
	판매직	27	2.78	1.423		
	서비스직	58	3.36	1.553		
	생산직(c)	35	2.77	1.437		
	농업	15	3.00	1.195		
	가정주부(d)	21	2.76	1.261		
	기타	55	3.36	1.296		

(4) 공공기관의 행정서류 작성

공공기관의 행정서류 작성 수준에 대해 성별 차이를 알아보기 위해 t-

검정을 실시한 결과, 남성이 평균 3.87로 여성의 3.29보다 높게 나타나 통계적으로 유의미한 것으로 조사되었다.

표 5.7 공공기관의 행정서류 작성 수준: 독립표본 t-검정 결과

구분	변수	빈도	평균	표준편차	t(p)
성별	남성	287	3.87	1.261	5.071 (.000)
	여성	251	3.29	1.362	

공공기관의 행정서류 작성 수준에 대해 대상, 연령, 교육수준, 직업별 차이를 알아보기 위해 분산분석을 실시하였다. 첫째, 재외동포 대상별 결과를 보면, 재일한인이 상대적으로 중국조선족과 카자흐스탄 고려인에 비해 평균값이 높게 나타나 유의미한 것으로 조사되었다. 그리고 중국조선족은 카자흐스탄 고려인보다 평균값이 높은 것으로 조사되었다. 둘째, 연령별 결과를 보면, 40대가 평균값이 높게 나타났으며, 20대, 60대, 70대와 비교하여 통계적으로 유의미한 것으로 나타났다. 30대는 60대와 비교하여 유의미한 것으로 나타났다. 셋째, 교육수준별 결과를 보면, 4년제 대학 졸업과 대학원 졸업자가 다른 집단들보다 평균값이 높았으며, 통계적으로 유의미한 것으로 나타났다. 넷째, 직업별 결과를 보면, 일반전문직은 가정주부, 공무원은 판매직과 가정주부, 사무직은 판매직과 비교하여 통계적으로 유의미한 것으로 나타났다.

표 5.8 공공기관의 행정서류 작성 수준: 분산분석 결과

구분	변수	빈도	평균	표준편차	F(p)	사후검정
재외동포대상	중국조선족(a)	239	3.95	.909	202.946 (.000)	a 〈 b, c 〈 a, a, c 〈 b
	재일한인(b)	140	4.49	.852		
	카자흐스탄 고려인(c)	159	2.28	1.259		

구분	변수	빈도	평균	표준편차	F(p)	사후검정
연령	20대 이하(a)	117	3.39	1.420	6.461 (.000)	a 〈 c, b 〉 d, c 〉 d, e
	30대(b)	111	3.81	1.247		
	40대(c)	130	3.99	1.309		
	50대	81	3.58	1.404		
	60대(d)	55	3.04	1.105		
	70대 이상(e)	44	3.18	1.167		
교육 수준	초등학교 졸업(a)	12	3.08	1.311	36.388 (.000)	a 〈 e, f b 〈 e, f c 〈 e, f d 〈 e, f
	중학교 졸업(b)	73	3.11	1.100		
	고등학교 졸업(c)	113	3.19	1.349		
	2년제 대학 졸업(d)	126	2.91	1.414		
	4년제 대학 졸업(e)	163	4.32	.928		
	대학원 졸업(f)	51	4.71	.610		
직업	전문관리직	73	3.51	1.573	6.856 (.000)	a 〉 e b 〉 d, e c 〉 d
	일반전문직(a)	118	3.99	.974		
	공무원(b)	31	4.35	1.050		
	사무직(c)	105	3.85	1.314		
	판매직(d)	27	2.96	1.344		
	서비스직	58	3.47	1.466		
	생산직	35	3.20	1.410		
	농업	15	3.13	1.246		
	가정주부(e)	21	2.38	1.024		
	기타	55	3.27	1.224		

(5) 문자 및 메일 이용 수준

재외동포의 문자 및 메일 이용 수준에 대해 성별 차이를 알아보기 위해 t-검정을 실시한 결과, 남성이 평균 3.83으로 여성의 3.31보다 높게 나타나 통계적으로 유의미한 것으로 조사되었다.

표 5.9 문자 · 메일 이용 수준: 독립표본 t-검정 결과

구분	변수	빈도	평균	표준편차	t(p)
성별	남성	287	3.83	1.308	4.306 (.000)
	여성	251	3.31	1.447	

문자 및 메일 이용 수준에 대해 대상, 연령, 교육수준, 직업별 차이를 알아보기 위해 분산분석을 실시하였다. 첫째, 재외동포 대상별 결과를 보면, 재일한인이 상대적으로 중국조선족과 카자흐스탄 고려인에 비해 평균값이 높게 나타나 유의미한 것으로 조사되었다. 그리고 중국조선족은 카자흐스탄 고려인보다 평균값이 높은 것으로 조사되었다. 둘째, 연령별 결과를 보면, 30대와 40대가 각각 60대, 70대와 비교하여 평균값이 높게 나타났으며, 통계적으로 유의미한 것으로 나타났다. 셋째, 교육수준별 결과를 보면, 4년제 대학 졸업과 대학원 졸업자가 다른 집단들보다 평균값이 높았으며, 통계적으로 유의미한 것으로 나타났다. 넷째, 직업별 결과를 보면, 일반전문직, 공무원, 사무직이 가정주부와 비교하여 통계적으로 유의미한 것으로 나타났다.

표 5.10 문자 및 메일 이용 수준: 분산분석 결과

구분	변수	빈도	평균	표준편차	F(p)	사후검정
재외 동포 대상	중국조선족(a)	239	3.93	1.049	241.827 (.000)	a < b, c < a, a, c < b
	재일한인(b)	140	4.61	.716		
	카자흐스탄 고려인(c)	159	2.16	1.174		
연령	20대 이하	117	3.46	1.465	8.765 (.000)	a > c, d b > c, d
	30대(a)	111	3.85	1.223		
	40대(b)	130	3.98	1.414		
	50대	81	3.63	1.427		
	60대(c)	55	2.91	1.093		
	70대 이상(d)	44	2.84	1.275		

구분	변수	빈도	평균	표준편차	F(p)	사후검정
교육수준	초등학교 졸업(a)	12	3.17	1.337	40.204 (.000)	a < e, f b < e, f c < e, f d < e, f
	중학교 졸업(b)	73	2.93	1.194		
	고등학교 졸업(c)	113	3.26	1.444		
	2년제 대학 졸업(d)	126	2.82	1.399		
	4년제 대학 졸업(e)	163	4.37	.937		
	대학원 졸업(f)	51	4.73	.603		
직업	전문관리직	73	3.51	1.573	6.282 (.000)	a > d b > d c > d
	일반전문직(a)	118	3.99	.974		
	공무원(b)	31	4.35	1.050		
	사무직(c)	105	3.85	1.314		
	판매직	27	2.96	1.344		
	서비스직	58	3.47	1.466		
	생산직	35	3.20	1.410		
	농업	15	3.13	1.246		
	가정주부(d)	21	2.38	1.024		
	기타	55	3.27	1.224		

중국조선족, 재일한인, 카자흐스탄 고려인의 거주국의 주류언어 사용 실태 결과를 비교해보면, 재일한인과 중국조선족이 카자흐스탄 고려인에 비해 상대적으로 높은 것으로 조사되었다. 이러한 결과는 카자흐스탄이 현재 소비에트화에서 카자흐화로 진행되는 체제전환기에 놓여 있는 특수한 상황과 밀접한 연관이 있다. 카자흐스탄은 1991년 소련 해체 이후 독립을 선포하면서 정치, 경제, 사회, 문화 등 모든 분야에서 카자흐 민족주의 정책을 취하고 있다. 소련시기 러시아어가 공용어가 되면서 고려인들은 철저히 러시아어 교육을 받았으며, 이를 통해 주류사회에 성공적으로 진출하였다. 그러나 카자흐어가 국가어로 지정되면서 많은 부분 어려움에 직면해 있다. 특히 정부기관에 진출하기 위해서는 카자흐어를 의무적으로

사용해야 하는 등 주류언어 습득이 중요한 과제가 되고 있다. 거주국의 주류언어 사용 실태를 비교해보면, 조사대상자 중 전체적으로 남성이 여성보다 사용 수준이 높게 나타났다. 연령에서는 40대, 교육수준에서는 4년제 대학 졸업 및 대학원 졸업자, 직업에서는 전문관리직 · 일반전문직 · 공무원 등의 평균값이 높게 나타나 통계적으로 유의미한 것으로 조사되었다. 이러한 결과를 요약해보면, 주류사회에 안정적으로 적응하는 집단은 주로 고학력자이면서 전문직종(교수, 의사, 변호사, 교사, 기술자, 문화예술가, 공무원 등)에 종사하는 것으로 볼 수 있다.

이러한 연구결과를 토대로 한민족 디아스포라가 거주국의 주류사회에 성공적으로 진출하기 위한 정책적 시사점을 제시하면 다음과 같다. 첫째, 재외동포사회는 모국의 문화적 정체성을 유지하려는 노력과 함께 거주국의 주류사회에 적극적으로 참여하고 구성원들과 교류활동을 증진시키는 노력을 병행해야 할 것이다. 둘째, 재외동포사회는 모국어뿐만 아니라 거주국의 주류언어를 습득하는, 이른바 이중 언어 교육을 적극적으로 실시해야 한다.

2. 조선족교사의 언어사용과 조선족학교

1) 조선족의 이주와 사회적 변화

중국조선족은 대대적으로 연변조선족자치주가 있는 길림성과 흑룡강성, 요녕성 등 동북3성의 농촌지역을 중심으로 민족집거지를 형성하여 살아왔다. 민족집거지의 형성은 무엇보다 민족의 언어와 역사, 문화 등을 유지하고 계승하는데 큰 도움을 주었으며, 이를 통해 조선족의 민족적 정체성을 형성하고 유지해왔다. 그러나 중국은 1980년대부터 자본주의적 시장경제를 수용하는 개혁개방정책을 적극 추진하였고, 그 결과 중국의 경제발전과 도시화를 진전시켰다. 이러한 중국사회의 대전환은 전통적인 농촌사회에서 민족교육과 문화를 유지해 온 조선족사회 전반에 걸쳐 큰 영향을 미쳤다. 아울러 1992년 한국과 중국 간의 수교 또한 동북 3성 지역 조선족사회의 변화를 촉진하는 요인이 되었다.

오늘날 중국 조선족사회의 변화는 이주의 일상화에 따른 인구 유출과 인구 감소에 따른 민족공동체의 해체, 조선족학교 감소에 따른 민족교육 및 민족정체성의 위기 등으로 요약할 수 있다. 대표적으로 중국 조선족사회에서 유일하게 자치주의 지위를 가지고 있는 연변조선족자치주에서는 조선족의 인구 감소로 인해 자치주의 지위를 상실할 수 있다는 위기가 확산되고 있다(아주경제, 2016년 02월 09일). 연변조선족의 인구는 1952년 64%였으나 1998년에 39.7%로 감소되었으며, 2005년 말에는 33% 수준으로 감소하였다(올인코리아, 2006년 03월 13일). 조선족 집거지의 공동화는 한족이 주택과 토지를 매입하여 한족의 집거지로 재편되는 결과를 초래하고 있다.

조선족의 지역별 거주 현황을 보면, 베이징 · 톈진을 포함한 하북성 등에 174,077명, 광저우가 있는 광동성 등에 105,831명, 상하이를 포함한 강소성 등에 79,609명, 길림성에 1,040,167명, 흑룡강성에 327,806명, 요녕성에 159,537명, 섬서성 및 감숙성 등에 3,280명, 호북성 및 호남성 등에 5,140명, 사천성 및 중경직할시 등에 3,330명, 칭다오 및 웨이하이 등에 174,695명 등이다. 이중 조선족의 전통적 집거지역인 동북 3성 지역(길림성, 흑룡강성, 요녕성)에 1,527,510명이 거주하고 있다(외교부, 2019).[10]

여기에서 주목하고자 하는 것은 조선족의 인구 유출과 감소로 민족교

10 현재 동북 3성 지역에 거주하고 있는 조선족은 대부분 대도시나 한국을 포함한 미국, 일본 등 해외 국가로 이주한 관계로 실제 거주자는 이보다 훨씬 적다.

육을 담당하고 있는 조선족학교의 위기 현상에 대한 고찰이다. 한 기사에 따르면, 우리의 초등학교에 해당하는 소학교의 80% 이상이 폐교되는 상황에 놓여 있으며, 조선말을 배우지 못하는 조선족 어린이들이 증가하고 있다(THE EPOCH TIMES, 2011년 09월 21일), 소수민족에게 교육은 민족 고유의 문화와 전통, 정체성을 유지하는데 필수적이기 때문에 조선족학교의 위기에 대한 고찰은 매우 의의 있는 작업이라 할 수 있다.

이 연구에서는 중국조선족의 대표적인 집거지라 할 수 있는 길림성의 연변 지역과 요녕성의 심양에 있는 초 · 중 · 고 조선족학교의 조선어교사를 대상으로 설문조사를 진행했다. 설문조사는 심양과 연변 지역의 조선족학교에 재직하고 있는 현지 협력자의 도움을 받아 진행되었으며 총 76부를 회수했다. 심양 지역 설문조사는 2018년 4월 19일부터 23일까지 진행되어 43부를 회수했으며, 연변 지역 설문조사는 2018년 8월 15일부터 29일까지 진행하여 33부를 회수했다. 설문지는 설문조사 대상자가 조선어를 담당하고 있어 한국어로 작성되었으며, 문항은 크게 네 영역으로 구성되었다. 설문조사 대상자의 일반적 특성 관련 11문항, 조선어 · 중국어에 대한 인식 및 태도 관련 14문항, 조선어 · 중국어의 언어사용 관련 12문항, 조선족학교의 현실 및 향후 과제 관련 10문항 등이다. 설문내용은 2012년 국립국어원에서 재중동포를 대상으로 실시한 설문조사 내용을 바탕으로 작성하였다(박경래 · 곽충구 · 정인호 · 한성 · 우위진, 2012). 설문조사 분석은 SPSS Statistics 21.0을 이용하여 빈도분석과 기술통계를 실시하였다.

설문조사 응답자의 일반적 특성을 살펴보면 다음과 같다. 성별은 남성이 6명, 여성이 70명이다. 연령대는 20대 12명, 30대 17명, 40대 40명, 50대 7명이다. 학력은 초등졸업 2명, 중등졸업 2명, 고등졸업 4명, 3년제 전문대학졸업 18명, 4년제 대학졸업 38명, 대학원졸업 11명, 기타 1명이다. 응답자의 출신지역은 길림성 37명, 요녕성 36명, 흑룡강성 3명이며, 현 거주지는 심양 43명, 연변 지역이 33명이다. 세대는 1.5세 5명, 2세 45

명, 3세 24명, 4세 2명이다. 혼인 여부는 결혼 61명, 미혼 11명, 이혼 3명, 기타 1명이다. 응답자의 배우자 민족은 조선족이 65명이며, 한족은 0명이다. 응답자의 출신 학교는 소학교와 중학교의 경우 76명 모두가 조선족학교를 다녔다. 고등학교의 경우 74명이 조선족학교를 다녔으며, 2명은 한족학교를 다녔다.

2) 조선족학교 조선어교사의 언어 사용

(1) 조선어교사의 조선어와 중국어 인식 및 태도

중국 조선족학교의 조선어교사들은 조선족이 조선어와 중국어 사용에 대해 어떻게 인식하고 있는지, 조선족이 조선어를 왜 배워야 하는지, 조선어의 장래는 어떠한지 등에 대해 살펴보았다. 먼저, 조선어교사들은 조선족이 조선어를 잘해야 한다는 항목에서 98.7%가 긍정적인 답변을 보였고, 중국어를 잘해야 한다는 항목은 88.2%가 긍정적인 답변을 보였다.

표 5.11 조선어교사의 조선어 및 중국어 인식

구분	매우 그렇다	조금 그렇다	보통	조금 그렇지 않다	전혀 그렇지 않다
조선족은 조선어를 잘해야 한다.	61명 (80.3%)	14명 (18.4%)	1명 (1.3%)	0명 (0.0%)	0명 (0.0%)
조선족은 중국어를 잘해야 한다.	54명 (71.1)	13명 (17.1%)	8명 (10.5)	1명 (1.3)	0명 (0.0)

조선어교사들이 생각하는 모국어는 조선어가 89.5%로 가장 많았으며, 중국어가 10.5%로 나타났다. 한국어와 북한어는 한 명도 선택하지 않았다.

표 5.12 조선어교사의 모국어 인식

구분	조선어	중국어	한국어	북한어	기타
조선족 국어교사의 모국어	68명 (89.5%)	8명 (10.5%)	0명 (0.0%)	0명 (0.0%)	0명 (0.0%)

자신의 자녀를 조선족학교에 보내야 하는 이유에 대한 항목에서, 조선어교사들은 조선족은 조선말을 잘해야 하니까(75.0%)를 가장 많이 선택하였다. 다음으로, 취직에 유리해서(9.2%), 사람을 사귀거나 생활하기에 유리해서(7.9%), 한족학교가 없어서(5.3%) 순으로 나타났다.

표 5.13 자녀를 조선족학교에 보내는 이유

구분	조선어를 잘해야 하니까	취직에 유리해서	조선족 학교가 잘 가르쳐서	사람을 사귀거나 생활하기에 유리해서	한족 학교가 없어서	기타
조선족학교에 보내는 이유	57명 (75.0%)	7명 (9.2%)	1명 (1.3%)	6명 (7.9%)	4명 (5.3%)	1명 (1.3%)

반면, 자신의 자녀를 한족학교에 보내야 하는 이유에 대한 항목에서, 조선어교사들은 취직에 유리해서(55.3%)를 가장 많이 선택하였다. 다음으로, 사람을 사귀거나 생활하기에 유리해서(27.6%), 조선어는 집에서 배우면 되니까(7.9%), 한족학교가 잘 가르쳐서(4.0%), 조선족학교가 없어서(2.6%) 순으로 나타났다.

표 5.14 자녀를 한족학교에 보내는 이유

구분	조선어는 집에서 배우니까	취직에 유리해서	한족학교가 잘 가르쳐서	사람을 사귀거나 생활하기에 유리해서	조선족 학교가 없어서	기타
한족학교에 보내는 이유	6명 (7.9%)	42명 (55.3%)	3명 (4.0%)	21명 (27.6%)	2명 (2.6%)	2명 (2.6%)

조선어교사들은 조선족학생이 조선어를 배워야 하는 이유로는, 조선족의 전통을 유지하기 위해(72.4%)를 가장 많이 선택했으며, 조선족의 역사와 문화를 이해하기 위해(17.1%), 취직에 유리하기 때문에(7.9%), 가족이나 친척들간에 의사소통을 하기 위해(2.6%) 순으로 나타났다.

표 5.15 조선족학생이 조선어를 배워야 하는 이유

구분	조선족의 전통유지	취직에 유리	조선족의 역사와 문화 이해	의사소통 필수	한국 진출에 유리	기타
조선어를 배워야 하는 이유	55명 (72.4%)	6명 (7.9%)	13명 (17.1%)	2명 (2.6%)	0명 (0.0%)	0명 (0.0%)

조선어교사들은 향후 조선어의 발전 전망에 대해 어떻게 생각하고 있는지 조사한 결과, 점점 안 쓰게 되어 사라질 것이다가 전체의 38.2%로 가장 많았다. 다음으로, 점점 더 발전할 것이다(18.4%), 잘 모르겠다(22.4%), 현재와 같을 것이다(11.8%), 기타(9.2%) 순으로 나타났다.[11]

표 5.16 조선어의 발전 전망

구분	사라질 것이다	점점 더 발전할 것이다	현재와 같을 것이다	잘 모르겠다	기타
조선어의 장래	29명 (38.2%)	14명 (18.4%)	9명 (11.8%)	17명 (22.4%)	7명 (9.2%)

11 풍의산(2000)은 조선어의 전망에 있어 밝은 미래를 예측하고 있는데, 그 배경으로 중국의 소수민족 우대 정책, 학교 당국의 조선어 프로그램 적극 육성, 한국과의 밀접한 연계 활동을 들고 있다.

(2) 조선어교사의 조선어 및 중국어 사용

① 언어 사용 순위

중국 조선족학교의 조선어교사들의 언어 사용 순위에 대해 설문조사 한 결과, 조선어교사들은 회의할 때 조선어를 가장 많이 사용하고, 다음으로 중국어를 사용하고 있다. 일상생활이나 가족끼리는 조선어를 가장 많이 사용하고 있는 것으로 나타났다. 반면, 조선족학생들은 학교에서 가장 많이 쓰는 말은 중국어이며, 자녀들이 일상생활에서 가장 많이 사용하는 말 또한 중국어로 나타났다. 그리고 향후 조선족사회에서 가장 많이 사용될 말은 중국어로 나타났다. 이러한 사실은 조선족의 부모 세대와 자녀 세대들 간의 언어 사용에 차이가 있음을 알 수 있다. 즉 부모세대는 조선어를 즐겨 쓰는 반면, 자녀세대는 중국어를 더 많이 사용하고 있다는 것이다. 나아가서는 비록 조선어교사의 사례이기는 하지만, 향후 조선어의 사용은 점차 감소할 것으로 예측해 볼 수 있다.

표 5.17 조선어교사의 언어 사용 순위

구분	조선어		중국어		한국어	
	1순위	2순위	1순위	2순위	1순위	2순위
회의에서 가장 많이 쓰는 말	47명	20명	26명	37명	2명	4명
일상생활에서 가장 많이 쓰는 말	58명	12명	17명	47명	1명	6명
가족끼리 가장 많이 쓰는 말	65명	6명	9명	43명	8명	17명
조선족학생이 학교에서 가장 많이 쓰는 말	17명	48명	59명	15명	2명	23명
자녀들이 일상에서 가장 많이 쓰는 말	30명	33명	41명	26명	2명	23명
향후 가장 많이 사용될 말	22명	41명	53명	17명	1명	7명

② 가족과의 언어 사용

중국 조선족학교의 조선어교사들이 가족과의 언어 사용에 있어서 어떠한 언어를 많이 사용하고 있는지 살펴보면 〈표 5.18〉과 같다. 부모님 등 윗사람들과 말할 때는 전체의 72명이 중국어보다 조선어를 더 많이 쓰고 있으며, 조선어와 중국어를 반반씩 사용하는 경우는 4명으로 나타났다. 형제자매들과 말할 때는 59명이 조선어를 중국어 보다 많이 쓰고 있으며, 중국어를 쓰는 사람은 5명으로 나타났다. 자녀 등 손아래 사람들과 말할 때는 조선어 사용이 48명이며, 반반씩 사용하는 경우는 20명, 중국어를 더 많이 쓰는 경우는 8명을 나타났다. 조선족이 아닌 다른 민족의 사람들과 말할 때는 조선어(23명)보다 중국어(45명)를 더 많이 사용하고 있는 것으로 나타났다.

표 5.18 가족과의 언어 사용 실태

구분	대부분 조선어로 한다	조선어를 중국어보다 많이 한다	조선어와 중국어를 반반 한다	조선어보다 중국어를 많이 한다	대부분 중국어로 한다
부모님, 할아버지, 할머니 등 어른들과 말할 때	70명 (92.1%)	2명 (2.6%)	4명 (5.3%)	0명 (0.0%)	0명 (0.0%)
형제, 자매 등과 말할 때	49명 (64.5%)	10명 (13.2%)	12명 (15.8%)	1명 (1.3%)	4명 (5.3%)
자녀 등 손아래 사람들과 때 말할 때	41명 (54.0%)	7명 (9.2%)	20명 (26.3%)	5명 (6.6%)	3명 (4.0%)
조선족이 아닌 배우자 등의 사람들과 말할 때	16명 (21.1%)	7명 (9.2%)	8명 (10.5%)	15명 (19.7%)	30명 (39.5%)

③ 일상생활에서 언어 사용

중국 조선족학교 조선어교사들이 회의, 운동, 잡담 등 일상생활에서 사용하는 언어 실태를 살펴보면, 아래 〈표 5.19〉와 같다. 조선족들끼리 회의를 진행할 때는 전체의 69명이 조선어를 더 많이 사용하고 있는 것으로 나타났으며, 중국어를 사용하는 경우는 4명이었다. 조선족들과 운동하면서 이야기할 때는 전체의 61명이 조선어를 더 많이 사용하고 있으며, 반반씩 사용하는 경우는 11명, 중국어를 사용하는 경우는 4명으로 나타났다. 조선족 친구들과 이야기할 때는 조선어를 사용한다는 사람이 60명, 조선어와 중국어를 반반씩 사용한다는 사람이 14명, 중국어를 더 많이 사용한다는 사람은 2명으로 나타났다. 한족과 조선족이 함께 회의를 할 때는 중국어를 더 많이 사용한다는 사람이 48명이며, 반반씩 사용하는 경우는 16명, 조선어를 더 많이 사용한다는 사람은 14명으로 나타났다. 한족이 함께 있는 자리에서 조선족들과 일상적인 이야기를 할 때는 중국어를 더 많이 사용한다는 사람이 39명으로 나타났고, 반반씩 사용한다는 사람은 14명, 조선어를 더 많이 사용한다는 사람은 23명으로 나타났다. 이러한 사실에서 조선어 교사들은 조선족과 함께 있는 자리에서는 조선어를 더 많이 사용하고 있으며, 한족들이 있는 경우는 조선어보다 중국어를 더 많이 사용하고 있다.

표 5.19 일상생활에서 언어 사용 실태

구분	대부분 조선어로 한다	조선어를 중국어보다 많이 한다	조선어와 중국어를 반반 한다	조선어보다 중국어를 많이 한다	대부분 중국어로 한다
조선족들의 공식적인 모임에서 회의를 할 때	64명 (84.2%)	5명 (6.6%)	3명 (4.0%)	1명 (1.3%)	3명 (4.0%)
운동실에서 조선족과 놀면서 이야기 할 때	48명 (63.2%)	13명 (17.1%)	11명 (14.5%)	1명 (1.3%)	3명 (4.0%)
조선족 친구들과 이야기 할 때	51명 (67.1%)	9명 (11.8%)	14명 (18.4%)	1명 (1.3%)	1명 (1.3%)
한족과 조선족이 모인 자리에서 회의를 할 때	7명 (9.2%)	7명 (9.2%)	16명 (21.2%)	16명 (21.2%)	30명 (39.2%)
한족이 함께 있는 자리에서 조선족과 일상 이야기를 할 때	15명 (19.7%)	8명 (10.5%)	14명 (18.4%)	15명 (19.7%)	24명 (31.6%)

3) 조선족학교의 현실과 모국의 지원

중국 조선족학교는 크게 네 지역으로 구분하여 그 현황을 볼 수 있다. 조선족 자치주 지역으로써 조선족학교가 가장 많이 있는 연변 지역과 상대적으로 산재해 있는 흑룡강성, 요녕성, 길림성 지역이다. 2002년 자료에 의하면, 연변조선족자치주의 조선족학교는 조선족 소학교가 139개이며(단일민족학교가 74개, 민족연합학교 65개), 총 학생 수는 3만 7,049명이었다. 조선족 보통중학교는 87개였고, 총 학생 수는 4만 8,257명에 이르렀다(허명철 · 박금해 · 김향화 · 리정, 2003, 60-61). 그런데 2017년 현재 연변 지역 조선족학교는 76개이며, 흑룡강성 지역에 54개, 요녕성 지역에 32개, 길림성 지역에 22개 등이 운영되고 있다(리성일, 2018). 이와 같이 중국 조선족학교는 학교 수와 학생 수, 그리고 교원 수 등 모든 부문에서 지속적으로 감소하고 있는 추세이다.

중국 조선족학교 조선어교사들이 생각하는 동북 3성 지역의 조선족학교의 감소 원인을 살펴보면, 한국 등 해외 이주가 가장 많았으며, 인구 감소, 중국 내 대도시 이주, 조선족학생의 한족학교 입학 순으로 나타났다.

표 5.20 중국 동북 3성 지역 조선족학교의 감소 원인 (1순위)

구분	중국 내 대도시 이주	한국 등 해외이주	인구 감소	조선족학생의 한족학교 입학
조선족학교 감소 원인	19명 (25.0%)	27명 (35.5%)	22명 (29.0%)	8명 (10.5%)

중국조선족사회는 민족교육을 발전시키는 과정에서 중국에 거주하고 있는 상황을 고려하여 민족 언어인 조선어와 함께 중국어를 동시에 교육하는 이중언어 교육을 실시해오고 있다(강윤성, 2012, 41).[12] 조선족학교에

12 조선족학교에서 이중언어 교육이 실시되면서 조선족학교의 교수언어에서 중국어화 현상에

서 실시되고 있는 이중언어 교육의 효과는 다양하게 나타나고 있다. 예컨대, 이중언어 교육으로 중국어 실력은 제고되고 있지만, 조선어 실력은 점차 저하되고 있는 경향을 보이고 있다(인민넷, 2016년 10월 10일). 그렇다고 해서 조선족학생의 중국어 수준이 한족 학생을 능가하는 것은 아니다. 특히 산재 지역에서는 조선어보다 중국어를 일상용어로 사용하기 때문에 조선어가 거의 외국어처럼 사용되어지는 현상이 나타나고 있다. 즉, 조선족이 학교에서 이중언어 교육을 받고 있지만 중국어를 민족 언어처럼 동등한 수준으로 구사하는데 어려움을 갖고 있다(마금선, 2009, 64).

중국 조선족학교에서 실시되고 있는 이중언어 교육에 대한 조선어교사들의 인식을 살펴보면, 전반적으로 조선족학교의 이중언어 교육에 대해 찬성하고 있는 것으로 나타났다.

표 5.21 조선족학교의 이중언어 교육 인식

구분	매우 찬성한다	조금 찬성한다	보통이다	조금 반대한다	매우 반대한다
이중언어 교육 인식	59명 (77.6%)	14명 (18.4%)	2명 (2.6%)	0명 (0.0)	1명 (1.3)

한국 정부기관, 특히 재외동포재단에서는 동북 3성 지역 조선족학교의 교육경쟁력 및 정체성을 강화하기 위해 교육기자재 및 도서 지원, 교사파견, 조선족학교 교사 모국 초청 연수 등 다양한 차원에서 지원 사업을 전개하고 있다. 또한 일부 지역의 교육청에서도 조선족학교의 지원 사업을 전개하고 있다. 대표적으로 광주광역시교육청에서는 2012년에 '동북아한민족교육교류협력에 관한 조례'를 제정한 이후 도문시 교육국, 심양

대한 찬반논쟁이 확산되고 있다. 이에 대한 자세한 내용은 강윤성(2012), pp. 42-47.을 참조할 것.

시 교육연구원, 하얼빈시 교육연구원과 업무협약을 맺어 다양한 지원활동을 전개하고 있다. 구체적으로 조선족학교에 심리상담실 운영 지원, 방과후 교실, 도서관 구축 및 도서 지원 등의 사업을 진행하고 있으며, 조선족학교 교사의 초청 연수 및 조선족학교 학생 교육 교류 등의 프로그램을 운영하고 있다.

이러한 한국의 조선족학교 지원 정책에 대한 조선어교사들의 만족도를 살펴보면, 조선어교사들 중 전체의 51명이 전반적으로 만족하고 있는 것으로 나타났고, 25명은 보통이라고 인식하고 있다.

표 5.22 한국의 조선족학교 지원 정책 만족도

구분	매우 만족한다	조금 만족한다	보통이다	조금 불만족한다	매우 불만족한다
한국정부의 지원 정책 만족도	39명 (51.3%)	12명 (15.8%)	25명 (32.9)	0명 (0.0)	0명 (0.0)

향후 한국의 재외동포재단이나 교육기관으로부터 어떠한 분야의 지원을 원하는지 살펴보면, 도서관 등 교육시설 지원이 29명으로 가장 많았고, 한국 방문 연수 지원이 19명, 교육기자재 지원이 16명, 교사 파견 등 인적 교류가 12명 순으로 나타났다.

표 5.23 향후 한국의 조선족학교 지원 분야 (1순위)

구분	도서관 등 교육시설 지원	교육 기자재 지원	한국 방문 연수 지원	교사 파견 등 인적교류
한국 정부의 지원 분야	29명 (38.2%)	16명 (21.5%)	19명 (25.0%)	12명 (15.8%)

4) 조선족학교의 발전 과제

현재 중국 조선족사회는 전환기적 상황에 놓여 있다. 중국조선족은 동북 3성 지역의 전통적인 농촌공동체에서 살아오다가 1980년대 이후 국내외로의 이주가 일상적으로 이루어지면서 공동체의 공동화를 겪고 있다. 이는 곧 인구 감소로 이어져 민족공동체의 해체와 함께 민족교육의 위기를 맞고 있다. 특히 민족교육의 위기는 차세대 조선족의 민족정체성의 위기로 이어지고 있어 심각한 사회문제로 부상하고 있다.

중국 조선족학교의 조선어교사들은 조선족학교의 유지와 발전을 위해서 조선족학교에 대한 집중적 투자가 가장 중요하다고 생각하고 있다. 다음으로 베이징, 칭다오, 광저우 등 중국 내 도시지역과 한국, 일본, 미국 등 해외 지역에 조선족학교를 설립해야 하는 것으로 나타났다. 그리고 한족학교에 다니는 조선족학생의 전학 유도, 한국과의 교류 활성화, 조선족학교의 민족특색 유지 등의 순이다.

표 5.24 조선족학교의 발전에 필요한 정책 (1순위)

구분	집중적 투자	한족학교 다니는 조선족학생의 전학 유도	조선족학교의 민족 특색 유지	대도시 및 해외지역 등 조선족학교 설립	한국과의 교류 활성화
조선족학교의 발전 정책	50명 (76.0%)	5명 (6.6%)	2명 (2.6%)	16명 (21.1%)	3명 (4.0%)

중국 조선족학교의 발전을 위한 정책적 방향을 간략히 살펴보면 다음과 같다. 첫째, 조선어교사들은 민족 언어의 담당자로서 사명감을 갖고, 학생들에게 민족의 역사와 문화, 전통을 전파하고 애착심을 갖도록 교육해야 한다. 둘째, 조선족학생들은 중국어를 배우는 것도 중요하지만 민족적 자부심을 갖고 조선어를 소중히 여기고 배우는 자세를 가져야 한다. 셋째, 조선족의 부모 세대는 자녀들을 조선족학교에 보내고 일상에서 조선

어로 대화하는 습관을 가져야 한다. 넷째, 조선족사회는 부모와 학생들이 민족의 전통적인 문화를 체험할 수 있는 장을 만들고, 민족의식을 고취시키는 프로그램을 지속적으로 개발 · 운영해야 한다. 마지막으로, 한국정부 및 교육기관에서는 조선족학교의 위기는 곧 민족정체성의 상실이라는 인식을 가져야 하며, 배타적인 정책을 버리고 조선족학교의 지원 및 교류를 활성화하는 정책을 지속적으로 추진해야 한다.

3. 한국 내 고려인청소년의 교육

1) 다문화가정 자녀의 교육권

국제사회에서 보장하고 있는 이주아동의 교육에 관한 권리는 국제인권규약(경제적 · 사회적 및 문화적 권리에 관한 국제규약, 시민적 및 정치적 권리에 관한 국제규약), UN 아동권리협약(CRC: Convention on the Rights of the Child), UN 이주노동자권리협약[13] 등이 있다. 이중 UN 아동권리협약은 18세 미만 아동의 모든 권리를 담은 국제적인 약속으로, 1989년 11월 20일 유엔에서 만장일치로 채택되었다.[14] 이 협약의 기본 원칙은 무차별, 생존과 발달의 권리, 아동 최선의 이익, 어린이 의견존중 등이다. 이주아동의 교육에 관한 권리는 제28조와 제29조에서 구체적으로 명시하고 있다. 제28조에서, "당사국은 아동의 교육에 대한 권리를 인정하고 기회균등의 기초 위에서 권리

13 유엔은 1990년 총회에서 각국의 이주노동자와 이주민 가족의 인권을 자국민과 동등하게 보호하자는 취지로 '모든 이주노동자와 그 가족의 권리 보호에 관한 국제협약'을 채택하였다. 유엔은 2000년 4월에 12월 18일을 '세계 이주민의 날'로 지정했다. 현재 한국은 비준을 하지 않고 있는 상태이다. 한국일보, 2015.12.18.

14 이 협약은 1990년 9월 2일 발효되었으며, 한국은 1991년 11월 20일에 비준했다.

를 달성해야 한다"고 명시하고 있다. 제29조에서, "당사국은 아동이 인종적, 민족적, 종교적 집단 및 원주민 등 모든 사람과의 관계에 있어서 이해, 평화, 관용, 남녀평등 및 우정의 정신에 입각하여 자유사회에서 책임 있는 삶을 영위하도록 준비시켜야 한다"고 규정하고 있다(http://www.unicef.or.kr, 검색일: 2017년 3월 20일).

해외 주요 국가들의 이주아동에 관한 교육지원 정책을 살펴보면 다음과 같다. 미국은 1966년 '평등에 관한 보고서'에서 소수민족 및 소외계급의 어린이들이 미국사회에서 성공하기 위해 평등한 교육기회를 제공해야 한다는 필요성을 제기하였다(박찬인, 2015: 423). 이에 기초하여 미국은 연방정부와 주정부에서 다문화교육 정책을 실시하고 있다. 연방정부에서는 주로 입법화를 통해 다문화교육 정책을 위한 법적 근거 마련과 재정적 지원을 담당하고, 주정부에서는 주의 실정에 맞게 다문화교육 프로그램을 개발, 운영하고 있다(박성혁, 2009: 31). 현재 미국 연방정부의 다문화교육 프로그램의 수립과 집행은 2002년에 제정된 NCLB(No Child Left Behind)에 기초하고 있다. 이 법은 소외계층의 학생, 소수민족 학생, 영어에 능숙하지 못한 이민자 학생들을 포함한 모든 초 · 중 · 고교 학생들의 학업실력 향상을 위한 목적으로 제정되었다(박성혁, 2009: 34-35).

독일은 1970년대부터 사회통합적 차원에서 균등한 교육 기회 제공이라는 원칙하에 이주가정 자녀의 교육지원 정책을 추진해왔다(성상환, 2009: 46). 독일은 2005년에 '이주민 통합정책'을 발표하여 교육 및 고용과 관련된 모든 사회영역에서 독일인과 외국인의 동등한 사회진입을 보장하고 있다. 2011년에 '국민통합 실행계획'을 발표하였는데, 이주배경 청소년들의 직업교육 및 진로교육이 독일의 사회통합과 경제발전을 위한 핵심요소라는 인식 아래 출신 배경에 관계없이 평등한 교육기회를 가지고 자신의 잠재력을 발휘할 수 있도록 각종 맞춤형 지원과 교육관련 제도 개선을 추진하였다(http://edzine.kedi.re.kr, 검색일: 2017년 4월 12일).

일본은 1979년에 경제적, 사회적 및 문화적 권리에 관한 국제인권규약을 비준하여 외국인 아동의 공립 의무교육을 위한 초·중학교 입학을 보장하고 있다. 1995년에는 '어서오세요, 일본 학교에'라는 캠페인을 전개하여 외국인자녀의 취학사업을 적극적으로 추진했다. 2000년대 들어와서는 다문화공생 사회 실현을 위해 외국인 아동에 대한 교육지원 정책을 전개하고 있다. 2004년에는 각종 학교 인가의 기준을 완화하고 각종 외국인 학교를 설치하였고, 2006년에는 초·중등학생을 위한 JSL(Japanese as a Second Language) 커리큘럼을 완성하였다. 2014년에는 초·중등학교에 재학 중인 귀국 자녀와 외국 국적의 학생들이 일본어 교육을 충실하게 배울 수 있도록 학교 교육법 시행 규칙을 일부 개정하기도 했다(박봉수 등, 2014: 68-70).

한편, 한국에서 다문화가정 자녀의 교육에 관한 권리는 헌법을 포함하여 아동복지법, 재한외국인처우기본법, 다문화가족지원법, 초·중등교육법 등에서 명시하고 있다. 국제결혼가정 자녀는 국적법 제2조 제1항에 따라 출생과 동시에 한국 국민이 되므로 헌법 제31조에 의한 교육권을 보장받게 된다. 외국인 근로자 자녀의 교육권은 헌법 제6조 제2항 및 '이주노동자와 그 가족의 권리보호에 관한 국제협약'에 의거 한국의 아동과 동일한 교육기본권을 가지게 된다(교육인적자원부, 2016).

이러한 헌법 등의 교육권 보장에 따라 다문화가정 자녀의 교육에 대한 권리를 보장하기 위해 교육부를 중심으로 법·제도적 개선을 추구해오고 있다. 교육인적자원부는 2001년 3월 '불법체류 외국인 노동자 자녀의 교육권을 보장하기 위한 행정지침'을 마련했다. 그러나 2003년 1월에 유엔 아동권리위원회로부터 "모든 외국인 어린이에게도 한국 어린이들과 동등한 교육권을 보장하라"는 권고를 받았다. 이후 2003년 1월 19일에 초·중등교육법 시행령을 개정하여 외국인 노동자 자녀들의 학교입학이 가능하게 되었다(http://www.smwc.co.kr, 검색일: 2017년 3월 20일). 2010년 12

월 27일에 교육과학기술부는 국가인권위원회의 권고안을 수용하여 초·중등교육법 시행령을 일부 개정하였는데, 제19조 1항이 이주아동의 교육에 관한 것이다. 이 조항에 의하면, 외국에서 귀국한 아동 또는 학생; 재외국민의 아동 또는 학생; 북한이탈주민의 아동 또는 학생; 외국인 아동 또는 학생 등이 해당된다(http://www.law.go.kr, 2017년 3월 20일).

이와 같이 한국사회는 다문화가정 자녀들의 교육에 관한 권리를 보장하기 위해 법, 제도적 개선을 추진해오고 있다. 그러나 여전히 다문화가정 자녀의 교육권 실현에 여러 부분에서 한계를 가지고 있으며, 학교 현장에서도 다문화가정 자녀에 대한 사회적 편견 및 선입견이 지배하고 있다.

2) 한국의 다문화교육 정책

오늘날 한국은 외국인 노동자, 국제결혼이주자, 유학생, 외국국적동포(조선족, 고려인) 등의 급격한 유입으로 다인종·다민족·다문화사회로 전환되고 있다. 이러한 시대적 흐름에 조응하여 한국사회는 이주민의 안정적인 정착과 적응을 위해 사회통합 프로그램을 운영하고 있지만 현실사회에서 많은 문제를 노정하고 있다. 외국인 노동자와 국제결혼이주여성의 급속한 증가는 한국사회에서 경험하지 못한 다양한 사회적 문제를 야기했다. 외국인 노동자의 경우는 임금체불, 작업장에서의 폭언 및 폭력 등이 발생했고, 결혼이주여성의 경우는 고부간의 갈등, 남편과의 문제, 경제적 어려움 등이 주요 문제로 등장했다. 외국국적동포 또한 언어와 문화적 차이로 인해 한국사회에 적응하는데 많은 어려움을 겪고 있다.

그런데 최근 한국의 다문화담론에서 중요한 문제로 등장하고 있는 것이 바로 다문화가정 자녀의 교육에 관한 것이다. 다문화가정의 부모, 특히 어머니의 경우는 한국어가 서툴고 한국문화에 대한 이해가 부족하기 때문에 자녀의 교육지도에 상당부분 어려움을 겪고 있다. 여기에 외국에서 출생해 성장하다가 한국으로 유입된 중도입국 자녀들이 많아지면서 이들의 교육문제에 대한 관심이 증대하고 있다. 중도입국 자녀는 대부분 한국어를 전혀 하지 못하기 때문에 가정뿐만 아니라 학교에서 적응하기 어려운 상황에 놓여 있다.

한국에 거주하고 있는 다문화가정 학생 수는 매년 증가하고 있는 추세이다.[15] 이에 따라 교육부, 법무부, 여성가족부 등 정부부처와 지자체 및 교육청 등 관련 기관에서 이들에 대한 교육지원 정책을 펼치고 있다. 대표적으로 교육부는 2006년에 처음으로 '다문화가정 자녀 교육지원 대책'을 발표하여 다문화가정 자녀들의 교육소외를 방지하고 글로벌 인적자원으로 육성하는 비전을 제시했다. 그러나 중도입국 학생들의 유입이 증가하면서 이들의 학교 교육 및 학교생활 적응문제가 사회적 이슈로 등장하고 있다. 일례로, 중도입국 학생들의 학교급별 학업 중단율을 보면, 초등학교는 3.3%, 중학교는 35.5%, 고등학교는 48.1%로 초등학교에서 중, 고등학교로 넘어가는 시기에 학업 중단율이 높아지고 있다(news1, 2017년 2월 2일).[16] 한국에서 태어난 학생들의 경우는 상대적으로 한국어 사용이 용이하지만, 중도입국 학생들은 한국어 수준이 매우 낮아 학년이 올라갈수록 학력차를 겪기 때문에 학습에 대한 열의가 떨어져 학업을 중단할 수밖에 없다.

이와 같이 한국사회의 다문화담론은 부모세대의 적응, 정착에 관한 문제에서 자녀의 교육문제로 확대되어 가고 있다. 다문화가정 자녀의 교

---

15 한국에 거주하고 있는 외국인 주민은 2009년에 100만 명을 넘어섰으며, 2017년에는 200만 명이 넘는 등 꾸준히 증가하는 추세를 보이고 있다. 이에 따라 18세 미만의 외국인 주민 자녀의 수도 증가하고 있다. 2017년 현재, 초 · 중 · 고 다문화가정 학생은 9만 9천여 명으로 전체 학생 대비 1.68%를 차지하고 있다. 이중 국내출생 학생이 79,134명, 중도입국 학생이 7,418명, 외국인가정 학생이 12,634명이다(교육부, 2017).

16 서울시내 49개 학교에 재학하는 다문화학생 중 학업중단을 고민하고 있는 비율을 보면, 한국출생 다문화청소년이 10%이며, 중도입국 다문화청소년은 17%로 나타났다.

육문제는 한국사회의 미래를 설계하는데 정책적, 학문적으로 천착해야 할 중요한 사안이다.[17]

한국에서 다문화가정 자녀의 교육에 관한 정책은 교육부가 중심이 되어 추진하고 있다. 교육부는 2006년도에 처음으로 다문화가정 자녀의 교육 지원에 관한 대책을 발표하였다.[18] 이러한 지원 대책을 발표한 배경에는 무엇보다 경제적, 사회적 기반이 취약한 다문화가정 자녀들의 교육소외를 방지하고 다문화가정 구성원의 인적자원을 개발한다는 취지에서 이루어졌다(교육인적자원부, 2006). 당시 교육부는 정책의 대상자로서 한국인과 결혼한 외국인 배우자 사이에서 출생한 자녀(국제결혼가정 자녀)와 외국인 근로자 부부 사이에서 출생한 자녀(외국인 근로자 자녀)로 구분하였다.[19] 특히 외국인 근로자 자녀에는 미등록체류자 자녀의 경우도 합법적으로 체류하는 근로자의 자녀와 동등한 권리를 갖는다고 보아 정책대상에 포함하였다. 구체적인 다문화가정 자녀의 교육지원 내용을 요약해보면 〈표 5.25〉과 같다.

표 5.25 2006년도 다문화가정 자녀 교육지원 대책

구분	주요 내용
다문화가정 지원을 위한 부처간 협력체제 구축	유관부처 · 기관간 협조 통한 패키지 정책 수립 · 추진: 문화주간 지정 · 선포, 교육부 · EBS 공동 한국어교육 방송 제작, 다문화가정 소재 방송물 제작 · 방영

17 연구자는 두 차례(2017년 3월 21일, 31일)에 걸쳐 고려인마을을 방문하여 관계자들과의 인터뷰를 진행했다. 인터뷰 대상자는 고려인마을종합지원센터, 청소년문화센터, 어린이집, 바람개비 꿈터 공립지역아동센터, 새날학교 등의 관계자들이다.

18 2006년은 한국의 다문화정책 추진과 관련하여 매우 의미 있는 해이다. 2006년 4월에 '결혼이민자 가족의 사회통합 지원 대책'과 '다문화가정 자녀 교육지원 대책'을 발표하여 다문화정책을 본격화했다. 이후 2008년에 '다문화가족지원법'이 시행되었으며, 2009년에 '다문화가족정책위원회'가 설치되었다.

19 2017년 현재, 다문화가정 자녀의 범주에는 국제결혼가정 자녀와 외국인가정 자녀이다. 이 중 국제결혼가정 자녀는 국내출생 자녀와 중도입국 자녀로 구분하여 보고 있다.

구분	주요 내용
지역사회의 다문화가정 지원 협력체제 구축 지원	지역인적자원개발 사업을 통한 지자체 중심의 협력체제 구축, 지자체의 다문화가정 지원 우수사례 발굴 · 확산
'학교'의 다문화가정 자녀 지원 기능 강화	다문화가정 자녀를 위한 '방과후 학교' 프로그램 개설 지원, 학교 홈페이지를 활용한 교육자료 제공 및 대화채널 구축, 교사 및 또래집단과의 교류 활성화 지원, 학교를 다문화가정 교육장소로 지역사회에 적극 개방
다문화가정 자녀 교육을 위한 교사 역량 강화	다문화주의 및 소수자 배려를 위한 교원 연수 강화, 교사대상 한국어(KSL) 및 한국문화 교육 연구 활성화, 한국어 교육 능력을 가진 교사에 대한 인센티브 제공
교육과정 및 교과서에 다문화 교육요소 반영	현행 교과서에 포함되어 있는 민족적 · 문화적 배타성 완화, 차기 교육과정 개정시 다문화 · 다인종 교육요소 반영
'대학생 멘토링' 사업을 다문화가정 자녀에게 확대	대학생 멘토링 대상자로 다문화가정 자녀 우선 선정, 농어촌지역 멘토링을 위해 자원봉사자 적극 활용
정책대상별 고유 과제	국제결혼가정 자녀: 국제결혼가정 자녀의 이중언어 학습 지원 외국인 근로자 자녀: 불법체류자 자녀의 신분안정을 위한 부처 협의 추진

출처: 교육인적자원부(2006)

2006년 당시 한국사회는 다문화가정 자녀라는 이유로 학교 입학뿐만 아니라 학교생활에서 어려움을 겪는 경우가 많았다. 이러한 문제를 해결하기 위해 교육부는 2008년에 다문화 학생들이 정규교육에 낙오되지 않도록 출입국 증명이나 외국인 등록증이 없이 간단한 거주 확인 서류만으로 입학할 수 있도록 초 · 중등교육법 시행령을 개정했다. 2012년에는 중도입국 학생들의 학교생활 적응을 위해 일반 초 · 중 · 고등학교에 한국어 교육과정(KSL)을 정규 과목으로 운영하도록 했다. 또한 교육부는 영유아기와 학령기 아동들이 증가하면서 성장주기별 맞춤형 교육지원 정책을 추진하고 있다. 이른바 다문화가정 학생의 성장 발달단계에 맞게 필요한 교육을 제공하는 다문화 정책학교를 만들어 실행하고 있다. 교육부의 2017년 다문화교육 지원 계획의 추진 방향을 살펴보면, 다문화학생 맞춤형 교육 지원 강화, 학교 구성원의 다문화 이해 제고, 다문화교육 활성화의 기반 마련 계획 등이다. 구체적인 다문화교육 지원 내용은 〈표 5.26〉와 같다.

표 5.26 2017년 다문화교육 지원 계획

구분	주요 내용
다문화학생 맞춤형 교육 지원 강화	다문화유아(국내출생 자녀)의 언어와 기초학습 지원: 다문화유치원 확대 운영(2016년 12개 시도 60개원 → 2017년 17개 시도 90개원 확대 운영), 대학생 멘토링 지속적 지원, 기초학력 지원사업(두드림학교, 학습종합 클리닉센터) 연계 다문화학생의 기초학습 지원 중도입국 · 외국인가정자녀 교육 지원 내실화: 예비학교 확대(2016년 124개교 → 2017년 160개학급)를 통해 공교육 진입과 적응 지원, 특별학급(한국어(KSL) 교육과정 운영 학급)을 운영하는 예비학교 지원 강화, 모국어로 소통할 수 있는 외대 대학생 멘토링(서울 우선 실시) 다문화학생이 다수 재학하는 지역에 연구학교 운영, 중고등학생 대상 진로 교육 및 정서상담 지원 강화, 글로벌브릿지사업 확대, '다문화거점 Wee 센터' 운영 등
학교 구성원의 다문화 이해 제고	예비교원 단계부터 다문화 교육 및 연수 기회 확대 학생의 다문화 수용도와 이해도 제고 위해 다문화 중점학교(2016년 180개교 → 2017년 200개교) 확대 운영 우수 교육 사례 발굴 및 교수학습 자료 제작
다문화교육 활성화의 기반 마련	유관부처와 협업을 통한 다문화교육 지원: 법무부가 보유한 중도입국자녀 정보 연계 가능, 여가부의 학부모교육 및 자녀(가족)지원 서비스 연계, 문체부의 한국어 교육과정 개정에 따른 교재개발 협력 및 강사 연수 등 시도교육청의 책무성 제고 및 지역 여건에 맞는 다문화 교육 추진: 지역다문화교육지원센터 지원 확대(2016년 8개 시도 → 2017년 11개 시도), 지역내 유관기관과 연계하여 다문화교육 지원, 시도교육청 평가지표에 다문화교육 활성화 노력 반영

출처: 교육부(2017)

이와 같이 한국은 교육부를 중심으로 2006년 이후부터 다문화가정 자녀들의 학교 입학 및 학교생활 적응 지원, 한국어 및 한국문화 교육 지원, 다문화가정 학생 맞춤형 교육지원 등 다양한 정책을 추진해오고 있다.

3) 다문화가정 자녀의 교육지원과 학교생활

(1) 다문화교육 지원 프로그램

한국에서 다문화교육[20]은 교육부와 시 · 도 교육청을 중심으로 유관 부처, 민간기업, NGO, 대학 및 연구소 등과 협력을 통해 다양한 연계사업을 진행하고 있다. 특히 교육부는 영유아기와 학령기 등 다문화가정 학생의 성장 발달단계에 맞게 필요한 교육을 제공하는 다문화 정책학교를 만들어 실행하고 있다(조선일보, 2016년 12월 5일). 다문화 정책학교는 다문화 유치원, 다문화 예비학교, 다문화 중점학교, 다문화 연구학교 등으로 구성된다. 구체적으로 살펴보면, 첫째, 다문화 유치원은 다문화 유아의 동등한 교육적 출발점을 보장하여 실질적인 교육기회 평등을 실현하는데 목적이 있다. 이에 따라 다문화 유아를 대상으로 개별 통합적 언어교육을 지원하고, 전체 유아를 대상으로 다문화교육을 통해 다문화 친화적 환경 조성을 위한 교육지원을 하고 있다. 2017년도에는 90개원에서 시범사업을 추진하고 있다.

둘째, 다문화 예비학교는 한국어 능력이 부족하여 일반학급에서 정상적인 수업을 진행하기 어려운 중도입국 및 외국인가정 학생들을 대상으로 한국어 및 한국문화 교육을 실시하고 정상적인 학교 교육을 수행할 수 있는 능력을 강화하는데 중점을 두고 있다. 예비학교는 2011년도에 3개교에서 2012년도에 26개교, 2013년도에 52개교, 2014년도에 80개교, 2017년도에 160개 학급에서 운영되고 있다. 운영형태는 학교에서 특별학급을 운영(직영형)하거나, 시 · 도교육청 여건에 따라 대안학교(위탁형), 다문화교육센터 운영(센터형) 등 다양하다. 예비학교의 주요 프로그램은 언어

---

20 다문화교육은 "다양한 여러 나라의 생활양식 및 문화에 대한 가치를 인정하고 차별을 배제하며 다문화가족에 대한 이해를 증진시키는 교육"을 말한다(광주광역시교육청, 2016).

적응(한국어교육과정), 생활적응(한국문화), 교과적응 프로그램 운영[21] 등이다.

셋째, 다문화 중점학교는 모든 학생의 다문화 인식 제고를 위한 다문화교육 프로그램을 기획, 운영하는 학교이다. 2014년 교육부가 기존 '글로벌 선도학교'의 거점형, 집중형을 통합하여 운영하고 있다.[22] 다문화 중점학교의 교육내용은 교과연계 다문화교육(도덕, 사회 등 교육과정 내에서 다문화와 연계하여 교육 실시), 비교과연계 다문화교육(교육과정 외 학교 안팎의 자원을 활용하여 다문화교육 실시-동아리 활동, 강사초청, 체험활동 등), 언어관련 교육(한국어 및 기초학습 보강 프로그램, 이중언어 교육 프로그램 등) 등이 있다(http://www.nime.or.kr, 검색일: 2017년 3월 30일).

넷째, 다문화 연구학교는 다문화학생이 다수 재학하는 지역 내 학교를 중심으로 다문화학생 교육과정 운영모델을 개발하기 위해 운영되고 있다. 이 연구학교에서는 다문화학생과 일반학생이 함께 할 수 있는 이중 언어 및 외국어교육, 세계시민교육, 다문화 이해 교육 등을 학교 교육과정에 반영하여 운영한다. 2017년부터는 최근 중 · 고교로 진학하는 다문화학생이 증가함에 따라 다문화학생의 특성을 고려하여 진로교육 모델을 개발하기 위한 목적으로 '다문화학생 진로교육 연구학교'를 운영할 계획이다.

이와 같은 다문화 정책학교 이외에 글로벌브릿지사업, 다문화 거점 Wee 센터, 대학생 멘토링 등 다양한 프로그램이 운영되고 있다. 글로벌브릿지사업은 다문화가정 학생[23]의 잠재능력을 적극 계발하고 글로벌 인재로 육성하기 위한 영재 교육 등 특별 프로그램을 운영한다. 구체적으로 수학 · 과학, 글로벌 리더십, 언어, 예체능으로 구분된 글로벌 사업단 운영을 통하여 우수 다문화 학생의 발굴과 육성을 추진하고 있다(http://www.nrf.

21 직영형의 경우 예체능 교과는 원적학급에서 통합적으로 교육을 진행하고 있다.

22 2017년에 200개교에서 다문화 중점학교를 운영하고 있다.

23 이 프로그램의 대상은 초등학교 4학년부터 중 · 고등학생까지이다.

re.kr, 검색일: 2017년 3월 30일). 이 프로그램은 2011년부터 시행되고 있으며, 2016년 현재 수도권 4개 대학, 충청강원권 4개 대학, 호남제주권 4개대학, 영남권 5개대학 등 총 17개 대학에서 운영되고 있다.

다문화 거점 Wee 센터 프로그램은 2017년부터 다문화학생이 다수 재학하고 있는 지역에 소재한 Wee 센터를 다문화 거점 Wee 센터로 지정해 운영하는 것이다. Wee센터는 교육부가 2008년부터 시행한 사업으로, Wee 클래스(학교)-Wee 센터(교육지원청)-Wee 스쿨(교육청)이 연계하여 학교폭력, 학습 부진, 학교 부적응 학생에 대한 진단, 상담, 치유 서비스를 제공하여 학교적응 지원과 행복한 학교생활을 지원하는 3단계 학생안전통합시스템이다.[24] Wee 센터의 전국적 현황을 보면, 클래스는 6,274개, 센터는 195개, 스쿨은 11개가 운영되고 있다(http://www.wee.go.kr, 검색일: 2017년 3월 30일).

대학생 멘토링 사업은 교육부가 2009년부터 초 · 중 · 고등학교 다문화가정 학생을 대상으로 대학생이 멘토로 참여하여 운영하는 프로그램이다(이미정 등, 2015: 436). 이 프로그램은 이주배경 청소년들의 학교생활의 안정적인 적응과 기초학력을 향상시키고, 대학생의 다문화인식 및 나눔 문화제고 등의 목적으로 실시되고 있다. 교육부는 2017년부터 중도입국 학생과 외국인가정 학생들의 교육 강화 및 학교생활 적응을 위해 모국어로 소통할 수 있는 대학생을 다문화학생의 멘토로 선발하여 운영할 계획이다.[25] 이 프로그램에 의하면, 학생들은 모국어를 통해 한국어를 배울 뿐만 아니라 기초학습 진행, 상담 지원 등의 서비스를 받게 되며, 학부모들은 모국어로 번역된 가정통신문을 받을 수 있다.

---

24 Wee 센터는 We + Education + Emotion의 줄임말로, 우리들의 감성공간에서 잠재력을 발견하자는 의미를 가지고 있다. 그리고 교육부는 2010년부터 가정형 Wee 센터를 운영해오고 있다. 이 센터는 최근 사회적 문제가 되고 있는 아동학대를 비롯하여 이혼, 방임 등 가정적 원인으로 학교생활에 어려움을 겪는 위기학생들을 위한 지원 프로그램이다.

25 이 프로그램은 2017년에 한국외대를 중심으로 서울지역에서 우선 실시한 후 지역대학의 외국어문 계열로 확대할 예정이다.

(2) 다문화가정 자녀의 학교생활

최근 다문화가정 자녀의 교육문제는 국내에서 출생하여 성장한 자녀보다 외국에서 출생하여 성장하다가 들어온 중도입국 자녀들의 상황이 매우 심각하다. 중도입국 자녀에 대한 개념은 다양하게 정의되고 있다(오성배 등, 2013: 7). 첫째, 국제결혼 이주여성이 한국에 입국하여 일정 기간이 지난 후, 이전 결혼과정에서 출생한 자녀들이다. 둘째, 외국인 이주노동자의 자녀들 중 부모가 이주한 이후에 뒤따라 입국하는 경우이다. 셋째, 근로 및 학업을 목적으로 청소년기에 입국한 외국인 무연고 청소년이다. 넷째, 북한이탈주민이 제3국에서 외국인 사이에 출생한 자녀가 성장하다가 한국에 입국한 경우이다. 이주배경청소년지원재단인 무지개청소년센터에서는 청소년복지지원법 제18조에서 "다문화가족지원법 제2조 1호에 따른 다문화가족의 청소년"과 "그 밖에 국내로 이주하여 사회적응 및 학업 수행에 어려움을 겪는 청소년"을 지원해야 한다고 명시하고 있다(http://www.law.go.kr, 검색일: 2017년 3월 27일). 이러한 규정에 따라, 이주배경 청소년은 다문화가족의 청소년, 외국인 근로자 가정 자녀, 중도입국 청소년, 탈북 청소년, 제3국 출생 북한이탈주민 자녀 등으로 분류하고 있다(http://www.rainbowyouth.or.kr(검색일: 2017년 3월 27일).

한국에 체류하고 있는 다문화가정 학생은 2012년부터 2015년까지 국제결혼가정 자녀 및 외국인가정 자녀의 학교급별 학생 수는 꾸준히 증가하고 있으며, 특히 초등학생이 차지하는 비중이 높은 것으로 나타났다. 학교급별 다문화가정 학생 현황을 보면 〈표 5.27〉과 같다.

표 5.27 학교급별 다문화가정 학생 수(2012~2015) (단위: 명)

	국제결혼가정								
	초등학교			중학교			고등학교		
	소계	국내 출생	중도 입국	소계	국내 출생	중도 입국	소계	국내 출생	중도 입국
2012	31,951	29,282	2,669	9,179	8,194	985	3,083	2,536	547
2013	35,829	32,823	3,006	10,305	9,162	1,143	4,358	3,793	565
2014	44,808	41,546	3,262	11,702	10,316	1,386	6,312	5,562	750
2015	54,156	50,191	3,965	12,443	11,054	1,389	7,411	6,688	723

※ 같은 시기 외국인가정 학생 수는 2012년도에 초등학교 1,789명, 중학교 448명, 고등학교 326명; 2013년도에 초등학교 3,531명, 중학교 975명, 고등학교 500명; 2014년도에 초등학교 3,417명, 중학교 804명, 고등학교 422명; 2015년도에 초등학교 6,006명, 중학교 1,384명, 고등학교 735명이다.

출처: 황정원(2016: 1)

전국 시 · 도별 다문화가정 학생 현황을 보면, 국제결혼가정의 학생은 경기 지역이 초등학생(12,045명), 중학생(2,625명), 고등학생(1,527명) 모두 가장 많은 것으로 나타났다. 반면, 전체 학생 대비 국제결혼가정 학생의 비율은 전남 지역이 초등학생(4.3%), 중학생(2.1%), 고등학생(1.1%) 모두 가장 높다. 외국인가정 학생의 경우는 경기 지역이 초등학생(2,075명), 중학생(447명)이 가장 많았고, 서울은 고등학생(180명)이 가장 많았다. 전체 학생 대비 외국인가정 학생의 비율은 초등학생(0.42%)과 중학생(0.15%)은 서울이, 고등학생(1.0%)은 충남 지역이 가장 높은 것으로 나타났다(황정원, 2016: 2). 이러한 다문화가정 학생의 유형별 특성을 살펴보면 다음과 같다.

표 5.28 다문화가정 학생의 유형별 특성

학생 유형	주요 특성
국제결혼가정의 국내출생 자녀(한국인과 결혼한 외국인 배우자 자녀에서 출생한 자녀)	일반적인 의사소통의 어려움은 적으나, 언어습득 환경이 일반가정과 상이하여 일부 학생의 경우 문장이해, 맞춤법, 교과어휘 및 개념 이해 등의 어려움

학생 유형	주요 특성
국제결혼가정의 중도입국 자녀(결혼이민자가 한국인과 재혼한 후 본국에서 데려온 자녀/국제결혼가정 자녀 중 외국인 부모의 본국에서 성장하다가 청소년기에 입국한 자녀)	한국어 습득 부족 등으로 인해 기초학력 수준 낮음. 특히, 통합교육 진입 후 사회, 과학, 언어 등 과목에 어려움 느낌. 입국 후 새로운 가족과 한국문화에 적응, 정체성 혼란 등의 심리적 문제
외국인가정 자녀(외국인 노동자 및 주재원, 유학생, 재외동포 등 외국국적 부부 사이에서 출생한 자녀)	체류 자격에 관계없이 공교육 진입 가능하나, 정주 여건이 불안정하여 학업을 지속하기에 어려움 발생, 부모의 의지에 따라 한국에 온 경우가 많아 학업에 대한 흥미가 낮음

출처: 광주광역시교육청(2016)

현재 다문화가정 학생들은 한국사회에 정착하고 생활하는데 있어 언어나 문화 등에서 어려움을 겪고 있다. 구체적으로 여성가족부의 '2015년 전국다문화가족 실태조사'의 주요 결과를 살펴보면 다음과 같다(여성가족부, 2016: 22). 먼저, 다문화가족 자녀의 학업중단 사유를 보면, "학교생활 및 문화가 달라서"가 18.3%로 가장 많은 것으로 나타났다. 다음으로, "학교 공부가 어려워서"가 18.0%, "편입학 및 유학준비"가 15.3%, "돈을 벌어야 해서"가 14.4%, "그냥 다니기 싫어서"가 11.1% 순으로 나타났다. 이어서 다문화가족 자녀가 학교생활에 잘 적응하지 못한 이유를 보면, "친구들과 잘 어울리지 못해서"가 64.7%로 가장 많은 것으로 나타났다. 다음으로 "학교 공부에 흥미가 없어서"가 45.2%, "한국어를 잘 하지 못해서"가 25.5%, "부모의 관심이나 경제적 지원이 부족해서"가 10.9%, "외모 때문에"가 7.7% 순으로 나타났다. 특히 성장배경에서 '외국 거주 경험'과 '외국에서 주로 성장'한 자녀들은 국내에서만 성장한 자녀들보다 한국어를 잘 하지 못해 학교생활에 잘 적응하지 못하는 것으로 나타났다.

표 5.29 학교생활에 잘 적응하지 못하는 이유 (단위: %)

		학교 공부에 흥미가 없어서	한국어를 잘 하지 못해서	친구들과 잘 어울리지 못해서	선생님의 차별대우 때문에	부모의 관심이나 경제적 지원이 부족해서	외모 때문에	기타
전체		45.2	25.5	64.7	2.5	10.9	7.7	5.1
성별	여성	42.9	24.6	83.8	0.8	7.9	6.7	0.9
	남성	47.9	26.6	41.4	4.6	14.6	8.9	10.3
연령	9~11세	41.9	32.5	57.7	3.0	8.0	7.2	1.6
	12~14세	26.7	29.9	80.8	4.5	9.5	16.7	5.7
	15~17세	66.2	12.9	58.5	0.0	15.8	0.0	8.9
	18세 이상	0.0	0.0	0.0	0.0	0.0	0.0	0.0
성장 배경	국내에서만 성장	52.4	1.8	63.0	4.8	18.1	9.9	4.5
	외국 거주 경험	48.3	37.6	44.6	0.0	2.9	0.0	13.4
	외국에서 주로 성장	28.8	61.7	83.9	0.0	3.3	9.6	0.0

출처: 여성가족부(2016: 22)

중도입국 청소년을 대상으로 한 '중도입국 청소년 실태 및 자립지원 방안 연구' 결과에 따르면, 외국에서 성장하다 한국사회로 삶의 터전을 옮겨온 중도입국 청소년은 한국의 언어와 문화습득에 많은 어려움을 겪고 있는 것으로 나타났다(배상률, 2016). 또한 한국 입국 후 한국에서의 공교육 입학 소요기간은 27.4%가 1년 이상이라 응답했으며, 10.6%는 2년 이상이라고 답했다. 공교육 입학이 지체되는 이유로는 "한국어 실력 부족"이 55.3%로 가장 많이 응답했다(에듀동아, 2017.3.22).

요약해 보면, 다문화가정 학생들은 한국어를 잘 구사하지 못하거나 한국문화 이해가 부족하여 친구들과 잘 어울리지 못하고 있으며, 전반적으로 학교생활에 잘 적응하지 못하고 있는 것으로 나타났다. 특히 중도입국 학생들의 경우는 국내출생 학생들보다 한국어 소통이 원활하지 못해

더 큰 어려움에 직면해 있다.

4) 고려인청소년의 교육 현황 및 과제

(1) 광주광역시교육청의 다문화교육 정책

광주광역시교육청의 다문화교육 정책은 교육부에서 매년 발표하는 다문화교육 지원 계획을 바탕으로 구체적인 프로그램을 시행하고 있다. 아울러 시교육청은 '다문화교육 활성화 및 다문화가족 학생 지원 조례'(2012년 7월 31일 시행)를 통해 지원 정책을 추진하고 있다. 다문화교육의 목적은 다문화교육의 활성화와 다문화가족 학생의 교육지원을 위하여 다문화가족 학생의 교육의 질 향상과 사회통합, 지역사회 발전에 기여할 수 있는 인재를 양성하는데 있다. 광주광역시 초 · 중 · 고에 재학 중인 다문화가정 학생은 매년 급증하는 추세를 보이고 있다. 2011년부터 2016년까지 다문화가정 학생 현황을 보면 〈표 5.30〉과 같다.

표 5.30 다문화가정 학생 현황(2011~2016)

년도	2011	2012	2013	2014	2015	2016
학생 수 (초 · 중 · 고)	932명	1,086명	1,257명	1,526명	1,899명	2,404명

출처: 광주광역시교육청(2017)

2016년 통계자료에 의하면, 초등학교에 재학 중인 다문화가정 학생은 150개 학교에 1,776명이며, 중학교는 77개 학교에 385명, 고등학교는 52개 학교에 240명, 특수학교는 2개 학교에 3명이 다니고 있다(광주광역시교육청, 2017). 이중 국제결혼가정 학생은 2,069명(국내출생 학생 1,930명, 중도입국 학생 139명), 외국인가정 학생은 335명이다. 국적별로 다문화가정 학생 현황을 보면 〈표 5.31〉과 같다.

표 5.31 국적별 다문화가정 학생 현황(2016) (단위: 명)

국적	일본	중국	조선족	대만	몽골	필리핀	베트남	태국	인도네시아
학생 수	252/37	437/76	137/12	9/4	44/6	395/49	530/30	53/2	7/1
국적	남부 아시아	중앙 아시아	미국	러시아	유럽	아프리카	오세아니아	기타	총계
학생 수	57/9	40/43	15/3	21/35	13/7	2/3	2/1	55/17	2,069/335

* 국제결혼가정 학생 / 외국인가정 학생

출처: 광주광역시교육청(2017)

광주광역시교육청은 다문화교육 활성화 및 다문화가정 학생의 학교 적응을 위해, 다문화 예비학교, 중점학교, 연구학교 등을 운영하고 있다. 특히 시교육청은 한국어 및 한국문화 집중교육이 필요한 중도입국 학생들을 위해 새날학교를 대안위탁교육기관으로 지정 · 운영하고 있다. 2016년도에 실시된 다문화교육 지원 프로그램을 살펴보면 다음과 같다.

표 5.32 광주광역시 다문화교육 지원 정책 현황(2016)

사업명	사업내용
다문화학생 집중교육을 위한 위탁교육시설 지정 대안학교 운영	대안위탁학교: 새날학교 ※ 5학급(초등 1학급, 중등4학급), 75명 정원
다문화학생 지원을 위한 다문화 예비학교, 중점학교 운영	예비학교: 새날학교 중점학교: 초등 7개교(동운초, 풍향초, 송정초, 양산초, 비아초, 하남중앙초, 임곡초), 중 3개교(전남중, 무등중, 동신여중)
다문화 연구학교 운영	하남중앙초, 어룡초병설유치원
한국어(KSL, 모국어가 아닌 제2언어로서의 한국어) 과정 운영	모국어가 아닌 제2언어로서의 한국어를 사용하는 중도입국 학생의 언어교육 및 한국문화 예절 교육
다문화학생 이중언어 말하기 운영 및 전국대회 참여	학생들의 이중언어 조기 발굴 및 학습 장려
다문화가정 학생 직업교육 기회 제공을 위한 위탁기관 운영	전자공고: 전기, 설비 자연과학고: 조리, 제과 전남공고, 금파공고: 제빵, 제과 동일전자고: 미용

사업명	사업내용
다문화가정 학부모교육 실시	동 · 서부교육지원청 주관: 학부모 99명
다문화 직무연수를 통한 전문성 제고	다양성 인식 개선 교사 교육: 집합 40명, 원격연수 431명
대학생 멘토링 사업 진행	한국장학재단 연계사업(전남대, 광주교대): 초 · 중 · 고 등학생 201명
다문화학생 글로벌 브릿지 사업 운영	광주교육대학교 운영: 글로벌리더십 초 · 중학생 40명

출처: 광주광역시교육청(2016)

광주광역시의 다문화가정 학생들 중 고려인동포 자녀들을 포함한 중도입국 학생들은 매년 증가하고 있는 추세에 있다. 그러나 현재 중도입국 학생의 한국어 교육 및 한국문화 이해 향상을 위해 운영하고 있는 '제2언어로서의 한국어교육'(KSL) 과정은 대안위탁 교육기관인 새날학교와 일반 초등학교 두 곳에 불과하다. 중도입국 학생들이 학교생활에 안정적으로 적응하고 교과과정을 원활히 따라가기 위해서는 기본적으로 한국어 의사소통이 중요하므로 지자체와 민간기업, 대학 등과의 연계사업을 통해 한국어 교육 향상을 위한 프로그램 개발이 필요하다.

(2) 고려인청소년의 교육 현황: 새날학교 사례

현재 한국에 거주하는 고려인동포는 약 4만 명으로 추정되고 있으며, 경기도 안산시 선부2동과 광주광역시 광산구 월곡동 등에 집중 거주하고 있다. 국내에 거주하고 있는 고려인동포들의 가장 큰 문제점은 언어소통이 원활하게 이루어지지 않아 일상생활 및 직장에서 많은 어려움을 겪고 있다. 이러한 현상은 고려인동포 자녀들도 예외가 아니다. 대부분의 고려인동포들은 이주노동자로서 휴일 특근과 장시간 노동으로 자녀들의 교육에 관심을 가질 수 없는 상황이며, 자녀들은 대부분 우즈베키스탄 등에서 태어나 살다가 한국으로 들어온 중도입국 신분을 가지고 있다.

광주광역시 광산구 월곡동은 고려인동포들이 집중 거주하고 있는 대표적인 곳이다. 이곳은 '고려인마을'[26]로 많이 불리고 있으며, 고려인동포들이 자생적으로 만든 지원단체((사)고려인마을, 고려인마을협동조합, 고려인마을종합지원센터, 고려인교회, 깔끔이봉사단, 고려FM 등)들을 중심으로 지역사회에 정착, 적응해가고 있다. 현재 고려인마을에 살고 있는 고려인동포 자녀는 약 400여 명으로 추정되고 있다.[27] 광산구 월곡동 고려인마을의 고려인동포 자녀들의 교육 현황 및 문제점을 살펴보면 아래와 같다.

새날학교는 2007년 1월에 광주광역시 광산구에 거주하고 있는 결혼이주여성, 외국인노동자, 북한이탈주민, 고려인동포 자녀들을 교육하기 위해 설립되었다.[28] 이후 2011년 6월 광주광역시교육청으로부터 초 · 중 · 고 통합형 대안위탁교육기관으로 지정되어 현재에 이르고 있다.

새날학교의 입학대상은 다문화가정 자녀, 고려인동포 자녀, 외국인 노동자 자녀, 북한이탈주민자녀, 외국에 오래 거주한 한국인 등이다. 입학자격은 한 부모 이상이 외국인인 가정의 학생, 한국인이나 3년 이상 외국거주로 한국어 능력이 떨어지는 학생, 북한이탈주민 가정의 자녀로 일반학교에 적응하지 못하는 학생 등이다. 2016년 6월 현재, 학생 현황을 보면, 초등학생 20명, 중학생 30명, 고등학생 36명으로 총 86명의 학생들이 다니고 있다. 출신 국가별 현황을 보면, 우즈베키스탄이 36명으로 가장 많으며, 중국이 21명, 베트남이 11명, 필리핀과 러시아가 각각 4명, 키르기스스탄 3명, 우크라이나와 몽골이 각각 2명, 대만 · 시리아 · 카자흐스탄이 각각 1명이다.

---

26 광주 고려인마을 형성에 대한 자세한 내용은 김경학(2014)의 연구를 참고

27 광주 고려인마을의 고려인동포 자녀들은 8세 미만의 아이들이 약 100여명, 초등학생이 150여명, 중학생이 100여명, 고등학생이 50여명이다. 새날학교 관계자(이○○, 인터뷰일자: 2017년 3월 31일)

28 새날학교는 정규 학력 인가를 받은 광주이외에 인천, 인천서구, 시화, 청주, 파주, 연기, 부천, 부산, 화성 등에 분교를 가지고 있다.

표 5.33 새날학교 연도별 학생 현황 (단위: 명)

연도 성별	2007	2008	2009	2010	2011	2012	2013	2014	2015	2016
남	2	8	37	54	58	20	21	41	36	37
여	1	16	35	30	53	30	40	38	38	49
계	3	24	72	84	101	50	61	79	74	86

출처: http://www.saenalschool.com(검색일: 2017년 3월 31일)

새날학교는 현재 다문화 예비학교로 초등 1학급, 중등 4학급으로 운영되고 있다. 교육과정은 교과활동과 창의적 체험활동으로 편성되어 있으며, 교과 활동은 보통교과와 대안교과로 나누어 운영하고 있다. 새날학교는 중도입국 학생들이 원적 학교에 잘 적응할 수 있도록 한국어와 한국문화 프로그램을 집중적으로 제공하고, 보통교과는 최소화하여 운영하는데 중점을 두고 있다. 창의적 체험활동은 자율활동, 봉사활동, 동아리활동, 진로활동으로 구성되어 있다(http://www.saenalschool.com, 검색일: 2017년 3월 31일).

새날학교의 초 · 중 · 고 교육과정을 살펴보면 다음과 같다. 초등학교 교육과정은 보통교과/대안교과에 국어(국어, 모국어), 바른생활/사회, 수학, 슬기로운 생활/과학 · 실과, 음악, 미술, 체육, 영어 등으로 편성되어 있다. 중학교 교육과정은 보통교과/대안교과에 국어, 모국어, 사회, 수학, 과학/기술 가정, 예술, 체육, 외국어(러시아어, 중국어) 선택 등이 있다. 고등학교 교육과정은 보통교과/대안교과에 기초학습-국어 · 수학 · 영어, 탐구학습-사회(사회, 한국사) · 과학(과학, 지구과학), 체육 · 예술학습-체육(스포츠 과학), 예술(음악과 진로, 미술문화), 생활 · 교양학습-기술 · 가정, 제2외국어(러시아어, 중국어), 한문 · 교양 등이 있다.[29] 특히 새날학교의 중 · 고등 교육과정은 학생들의 한국어 수준차이를 고려하여 학년별 교육과정이 아닌 학교급 내에서

29 자세한 교육과정에 관한 내용은 새날학교 홈페이지(http://www.saenalschool.com)를 참고

한국어 수준으로 학급을 편성하여 운영하고 있다(http://www.saenalschool.com, 검색일: 2017년 3월 31일).

광주 고려인마을에 거주하고 있는 고려인동포 자녀들은 새날학교 이외에도 다문화 연구학교인 하남중앙초등학교, 영천초등학교 등에 다니고 있다. 고려인동포 자녀들은 우즈베키스탄, 카자흐스탄 등 중앙아시아 지역에서 출생하여 성장한 후 한국으로 들어왔기 때문에 한국어뿐 아니라 한국문화에 대한 이해와 경험이 거의 없는 상황에 놓여 있다. 새날학교에 다니는 고려인동포 자녀 중 초등학생의 경우는 한국어가 서툴고, 한국문화에 대한 이해가 낮아도 원적학교에 돌아가 학교생활에 어느 정도 적응하고 있다. 반면, 중학생의 경우는 원적학교에 돌아가면 한국어 수준이 또래의 학생보다 현저히 떨어지기 때문에 적응하지 못하고 새날학교로 돌아오는 사례가 많은 것으로 나타나고 있다.[30]

2015학년도 중학생의 졸업 현황을 보면, 공립다문화 대안고등학교(제천다솜, 서울다솜학교) 진학 2명, 모국학교 진학 2명, 새날학교 재위탁 6명, 일반학교 진학 0명이다. 이러한 사실에서 보듯, 새날학교에 다니고 있는 학생들은 일반학교에 진학하기보다는 새날학교에 재위탁하는 사례가 많음을 알 수 있다. 아래 표는 새날학교 학생의 일반학교 원적 복귀 현황에 관한 것이다.

표 5.34 새날학교 재학생의 일반학교 원적 복귀 현황 (단위: 명)

구분	초등학생	중·고등학생	합계
2013년 이전	22	15	37
2014년	12	14	26
2015년	36	13	49

30 고려인마을 청소년문화센터 관계자(안○○○, 인터뷰일자: 2017년 3월 31일)

구분	초등학생	중·고등학생	합계
2016년	13	21	34
합계	83	63	146

자료: http://www.saenalschool.com(검색일: 2017년 3월 31일)

고려인동포 청소년들이 학교생활에 적응하지 못하는 이유는 한국어로 의사소통을 할 수 없다는 점과 한국의 문화에 대한 이해와 경험 부족에서 기인한다. 특히 한국의 문화에 대한 이해 부족은 또래 학생들과의 관계에서 따돌림 당하는 사례가 발견되고 있다. 즉 한국어를 잘 사용해도 한국문화 ─ 집단문화, 선후배 관계 등 ─ 에 익숙하지 않은 학생들은 일반학생들로부터 학교생활에서 배제되는 현상이 나타나고 있다. 또한 고려인동포 자녀들 사이에서도 따돌림 현상이 발견되고 있다. 예컨대, 한국어를 잘하거나 한국문화에 익숙한 학생 ─ 한국에 동화된 학생 ─ 은 다른 고려인 학생들에게 따돌림을 당하기도 한다.[31]

(3) 고려인청소년의 교육 과제

현재 한국에 거주하고 있는 고려인동포는 약 4만여 명으로 추정되고 있다. 이들은 대부분 2007년 방문취업제의 시행으로 중앙아시아 지역에서 살다가 H-2비자를 받고 한국으로 이주해왔다. 고려인동포들은 오랫동안 디아스포라적 지위를 가지고 거주국에서 살아온 관계로, 특히 소련 시기 스탈린의 강력한 민족주의정책으로 한국어를 거의 사용하지 못한 채 살아왔다. 특히 고려인동포의 자녀들은 부모 세대보다 더욱 심각한 상황에 놓여 있다. 대부분의 고려인동포 자녀들은 중도 입국한 자녀들로 한국어 사용 문제로 어려움을 겪고 있으며, 한국 문화에 대한 이해가 부족하여

31 고려인마을 청소년문화센터 관계자(안○○○, 인터뷰일자: 2017년 3월 31일)

또래 학생들과 문화적 갈등을 야기하는 등 자아정체감을 형성하는 시기에 정서적 혼란을 겪고 있다. 고려인동포 자녀들의 부모들 또한 한국어 소통의 한계와 장시간 노동으로 가정에서 자녀들의 학습조력자로서의 역할을 정상적으로 수행할 수 없는 처지에 있다.

광주광역시 광산구 월곡1, 2동을 중심으로 형성된 고려인마을은 경기도 안산시 선부2동 땟골마을 다음으로 고려인동포들이 집중 거주하고 있는 곳이다. 광주 고려인마을은 고려인동포 스스로 조직한 다양한 단체들을 중심으로 지역사회에 안정적으로 정착, 적응하기 위한 프로그램을 개발, 운영하고 있다. 특히 고려인마을에서는 고려인동포 자녀들의 교육문제를 해결하기 위해 시교육청과 협력하여 새날학교를 대안위탁교육기관으로 인가받아 중도입국 자녀들을 대상으로 한국어 및 한국문화 교육을 집중 실시하고 있다. 또한 고려인마을은 취학 전 어린이를 대상으로 어린이집 운영, 초등학생들을 대상으로 한국어와 한국문화 교육, 외국어 교육(영어, 러시아어), 예체능, 문화체험 등을 지원하는 공립지역아동센터 운영, 중 · 고등학생들을 대상으로 하는 방과 후 프로그램 등을 운영하고 있다. 그러나 고려인동포 자녀들의 학교생활 적응 문제 — 학업포기, 일반학교 진입 어려움, 따돌림 등 — 은 여전히 지속되고 있으며, 지역사회에서 소란을 일으키는 사례가 발생하고 있다.

이러한 문제를 해결하기 위한 정책적 방안을 제시하면 다음과 같다. 첫째, 새날학교나 다문화 예비학교에서는 중도입국 학생들과 일반학생들이 함께 어울리고 친해질 수 있는 프로그램 — 일반학생 홈스테이, 문화캠프, 야외 체험학습 등 — 을 적극적으로 개발하고 운영해야 한다. 둘째, 현재 학교에서는 일반학생과 다문화학생을 대상으로 통합학급을 편성하여 체험활동이나 이중 언어 교육을 실시하고 있지만 프로그램의 만족도는 높지 않은 것으로 나타나고 있다. 즉 대부분의 고려인동포 학생은 한 달에 한 번 하는 하나의 이벤트로 받아들이고 있거나 자신들은 손님에 불과하다는 인식을 가지고 있다.[32] 따라서 학교 현장에서 실시되고 있는 다문화 교육은 다문화가정 학생만을 위한 것이 아니라 모든 학생들의 다문화에 대한 인식과 이해를 증진시키는 방향으로 전환되어야 한다. 마지막으로, 다문화가정 학생들이 한국사회에 안정적으로 정착, 적응하기 위해 학교 교육 뿐만 아니라 직업 교육, 취업 지원에 관한 법 · 제도적 개선을 적극 추진해야 한다. 특히 국내에 거주하고 있는 고려인동포 자녀들은 대부분 4세~5세들이어서 재외동포법에 의해 만 18세가 되면 미성년동반비자(F-1) 기한이 끝나게 되어 강제출국 해야 하는 상황에 있어 이에 대한 법 개정이 시급히 요구된다.

32 고려인마을 청소년문화센터 관계자(안○○○, 인터뷰일자: 2017년 3월 31일)

VI

맺음말

이 책은 최근 코리안 디아스포라들이 국제사회와 거주국 및 모국의 정치, 경제, 사회문화적 환경 변화에 따라 이주를 통해 새로운 정착지에서 적응을 시도하고 있다는 데 주목하고 있다. 구체적으로 이 책에서는 중국조선족의 신 이주 현상과 함께 러시아 · 중앙아시아 고려인의 한국으로의 귀환 이주 현상과 초국가적 삶을 살펴보는 데 목적을 두었다. 구체적으로, 이 책에서는 중국조선족의 신 이주와 초국가적 삶을 살펴보기 위해 중국의 수도인 베이징에 이주, 정착한 조선족의 사례와 일본의 수도인 도쿄 지역에 이주, 정착한 조선족 사례를 살펴보았다. 또한 러시아 · 중앙아시아 지역에 거주하고 있는 고려인들이 한국으로 이주하여 공동체를 형성하여 살아가고 있는 현상을 살펴보았다. 이러한 목적을 달성하기 위해 연구자들은 기존에 출간된 문헌자료와 설문조사 자료, 그리고 현지를 방문하여 수집한 면접조사 자료와 사진자료 등을 활용하여 분석하였다. 이 책의 주요 연구내용을 요약하면 다음과 같다.

① 중국 베이징의 조선족의 이주와 정착, 그리고 초국가적 삶

오늘날 중국조선족은 개혁개방, 도시화, 한 · 중 수교, 세계화 등 대내외적 환경의 변화로 중국 내 대도시지역과 한국 등 해외 국가로 이주가 일상화되면서 새로운 삶의 공간을 형성, 개척해가고 있다. 아울러 중국조선족은 동북 3성의 농촌집거지의 농민집단에서 베이징, 상하이, 칭다오, 서울, 뉴욕, 도쿄, 런던 등 초국적 도시의 한 구성원으로 자신의 삶을 영위해 가고 있다. 조선족의 이주가 일상화되면서 각 지역에 형성된 초국적 공간에서 어떻게 생활하고 있는지는 중요한 관심사가 되고 있다.

베이징 왕징지역은 주류집단으로서 한족을 포함하여 한 · 중수교 이후 본격적으로 진출한 한국의 대기업과 주재원, 유학생 등이 거주하고 있으며, 지멘스, 네슬레, 히타치, 모토로라, 벤츠, BMW, Microsoft 등 다국적 기업들이 경쟁하는 초국적 공간이다. 베이징 왕징에 정착한 조선족들

은 기존에 거주하고 있던 지역에서 형성된 혈연, 지연 등 비공식적 사회관계를 바탕으로 기업가들은 베이징조선족기업가협회를, 여성들은 베이징애심여성네트워크를, 노인들은 베이징조선족노인협회를, 학생들은 중국조선족학생센터를 결성하여 다양한 활동을 전개하고 있다. 또한 베이징의 조선족들은 차세대 조선족들의 민족교육문제를 해결하기 위해 정음우리말학교를 운영하고 있으며, 축구, 골프 등 스포츠 커뮤니티를 결성하여 회원간의 친선 교류 및 결속력을 강화하는 활동을 하고 있다. 또한 조선족의 커뮤니티들은 베이징 왕징이 코리아타운이라는 장소적 특성상 한국인 및 한국의 단체들과 공동 행사를 개최하고 있다. 이와 같이 베이징 왕징의 조선족 커뮤니티는 커뮤니티의 성격에 맞는 활동을 전개하면서 조선족의 민족정체성 유지와 조선족 공동체의 발전을 촉진하는 역할을 담당하고 있다. 또한 조선족 커뮤니티는 베이징의 한국인뿐만 아니라 모국이라 할 수 있는 한국과의 교류 및 연계를 강화하는데 기여하고 있다.

최근 중국정부는 베이징 왕징 지역을 중국의 대표적인 다민족 · 다국적 지역 모델로 정립하기 위해 기존의 통제 및 관리 위주에서 '외국인서비스센터' 설치와 같은 다양한 서비스를 제공하는 방향으로 가고 있다.[1] 이러한 변화의 흐름에 조선족사회가 능동적으로 대처하기 위한 정책적 과제를 간략히 제시하면 다음과 같다.

첫째, 베이징의 조선족은 기업가, 여성, 노인, 학생 등 부문별 커뮤니티를 형성하여 초국적 공간이라는 낯선 곳에서 받는 물리적, 정신적 스트레스를 해소하고 내적 결속력을 강화하는 활동을 전개하고 있다. 그러나 베이징 왕징 코리아타운 내 조선족과 한국인간의 교류 및 사회관계는 활발하게 이루어지고 있지는 못하다.[2] 따라서 조선족 커뮤니티는 한국의 주

1 한중문화협회 홈페이지: http://kcca.ivyro.net/index.php(검색일: 2017.5.10.)

2 "한국 사람들과 함께 모임을 하는 경우는 전혀 없어요. 같은 핏줄이라 하더라도 모임을 할 정도로 친하게 지내지는 않아요." 최○○(조선족, 자영업, 여성), 인터뷰일자: 2016년 3월 1일

요단체들과 교류협력 활동을 강화하는 방향으로 관계 설정이 이루어져야 한다.

둘째, 베이징을 포함한 중국의 대도시지역에 정착한 조선족사회의 현안 중 하나는 조선족 어린이들의 민족언어와 역사, 문화에 대한 교육문제를 해소하는 것이다. 조선족사회는 베이징 정음우리말학교 등 지역별 우리말학교간의 교류와 민족교육 시스템 구축을 위해 도시우리말학교협의회를 설립하여 운영하고 있지만, 전반적으로 우리말학교의 교원, 교재, 운영경비 등 여러 면에서 열악한 상황에 있다. 따라서 조선족사회는 중국 내 지역별 우리말학교와 한국의 국제학교간의 긴밀한 네트워크를 구축하고, 동북 3성 지역의 조선족학교와 다양한 교류협력 활동을 전개할 필요가 있다. 아울러 한국의 재외동포재단이나 지자체 및 NGO 등이 추진하는 한글교육 지원 사업을 유치하는 노력 또한 중요하다.

② 일본 도쿄의 조선족의 이주와 커뮤니티

일본에 거주하고 있는 조선족들은 이주 초기 유학생들이 중심이 되어 소규모 커뮤니티를 결성하여 다양한 활동을 전개하였고, 이를 통해 재일조선족사회를 형성하여 친선교류 및 민족적 정체성 유지를 위한 다양한 활동을 전개하고 있다. 특히 재일조선족들은 기존에 거주하고 있던 지역에서 형성된 혈연, 학연, 지연 등 비공식 사회관계를 바탕으로 다양한 유형의 커뮤니티를 설립하여 활동하고 있다. 이러한 커뮤니티의 활동을 통해 조선족들은 새로운 정착지에서 받는 정신적 스트레스 해소와 고향에 대한 집단적 기억, 나아가 민족정체성을 유지하고 발전시키는 노력을 하고 있다.

재일조선족들의 대표적인 온라인 커뮤니티인 '쉼터'는 온라인공간에서 단순친목뿐만 아니라 뉴스, 구인구직, 부동산정보, 비자업무, 온라인 쇼핑, 영화 및 드라마 등 다양한 정보를 제공하고 있다. 구체적으로 조선족의 온라인 커뮤니티 활동의 특징을 살펴보면, 조선족들은 일본사회에 안정적으로 적응하고 일상생활에 필요한 생활용품 정보, 육아 정보, 일본생활 체험기, 환전송금, 일자리 문의, 모임행사 등 다양한 정보를 게시하고 공유하고 있다. 반면, 자유게시판의 경우 조선족들은 대부분 신변잡기적이고 단순 잡담하는 경향이 높았고, 일부 게시판에서는 사행성을 조장하는 사이트들이 무분별하게 게시되어 있는 등 관리되지 않은 점도 찾아볼 수 있었다.

마지막으로 재일조선족사회는 조선족 2세대들의 교육 및 정체성 문제를 해결하는데 적극적인 노력을 기울일 필요가 있다. 조선족 2세대들은 일본학교를 다니고 있기 때문에 일본어 및 일본 생활문화에 익숙하여 부모세대와는 다른 정체성을 보이고 있다. 일본사회내 대표적인 외국인 이주자인 재일화교와 재일한인의 경우는 본국으로부터 다양한 정책적, 경제적 지원을 받는 반면, 재일조선족은 그들에 비해 매우 열악한 상황에 있다. 특히 민족교육은 조선족 2세대들의 정체성 형성에 중요하기 때문에 화교학교나 한국학교와 같은 공식적인 민족교육 시스템을 구축하는데 노력해야 할 것이다.

③ 한국 내 고려인의 이주와 공동체 형성

광주광역시 고려인마을은 다른 지역에 거주하고 있는 외국인 밀집 지역과 유사한 특성을 가지고 있다. 국내에서 고려인동포들이 가장 많이 거주하고 있는 경기도 안산시 선부동의 땟골마을처럼 음식점, 카페, 마트 등 소규모의 자영업을 중심으로 경제생활이 이루어지고 있다. 또한 서울의 가리봉동이나 대림동에 집중 거주하고 있는 조선족동포와 유사하게 다양한 유형의 자생적 단체를 형성하여 지역에 안정적으로 정착, 적응하기 위한 노력을 기울이고 있다. 반면, 광주 고려인마을은 국내 외국인 집거지와 좀 더 다른 면을 가지고 있다고 할 수 있다. 첫째, 고려인마을은 전국 지자체 중 최초로 고려인 주민을 지원하기 위한 조례가 제정되면서 지역사회의 지속적인 관심을 이끌어내고 있다. 구체적으로 시청이나 구청 등 지자체 및 유관단체, 지역사회의 기업 및 민간단체들로부터 다양한 유형의 지원과 후원을 받고 있으며, 공동으로 다양한 사업을 전개하고 있다. 둘째, 고려인마을에는 상대적으로 자녀들의 보육 및 교육문제를 해결하기 위한 자생적인 시설이 갖추어져 있다. 즉, 고려인마을은 어린이집에서부터 초 · 중 · 고 학생 대상의 방과 후 프로그램을 운영하는 공립지역아동센터와 청소년문화센터를 운영하고 있다. 특히 인근 지역에 시교육청으로부터 위탁 대안교육기관으로 인정받은 새날학교가 운영되고 있어 자녀들의 학교 교육문제를 어느 정도 해결하고 있다. 이러한 점에서 광주 고려인마을은 충분하지는 않지만 어린이에서부터 고등학생에 이르기까지 돌봄 및 방과 후 프로그램을 운영하고 있는데서 그 특성을 찾아볼 수 있다. 셋째, 고려인마을은 월곡 2동에 거주하고 있는 원주민과 이주민이 마을문제를 제기하고 해결하기 위해 '다문화 골목반상회'를 개최하고 있다. 또한 월곡 2동 주민회의에 직접 참여하여 다문화 공동체 실현을 위해 함께 논의하고 있다.

그러나 광주 고려인마을이 지역사회에서 주변화 되거나 소외되지 않기 위해서 해결해야 할 문제점들이 있다. 먼저, 고려인마을은 고려인뿐만 아니라 지역에 살고 있는 원주민과 다른 이주민들이 함께 참여하고 교류하는 소통의 장을 만들기 위한 방안을 적극 모색해야 할 것이다. 매년 10월 셋째 주 일요일에 개최되는 '고려인의 날' 행사에는 주로 고려인들과 이들을 지원하는 지자체 및 유관기관, 시민사회단체 등의 관계자들이 참여하는데 그치고 있다. 따라서 고려인마을은 고려인의 날 행사를 준비하고 기획하는 단계에서부터 원주민들과 다른 이주민들을 참여시키는 등 공동으로 행사를 치르는 방안을 강구해야 한다. 다음으로, 고려인마을은 지역사회의 주요 구성원인 원주민뿐만 아니라 다른 이주민들의 언어와 문화를 적극적으로 배우고 수용하려는 태도를 견지해야 할 것이다. 현재 고려인마을에서는 깔끔이봉사단과 방범순찰대를 결성하여 지역사회에서 고려인의 이미지를 개선시키는 노력을 하고 있으나, 의사소통이나 문화적 차이로 인해 원주민들과 공존하는데 어려움을 겪고 있는 것이 사실이다. 따라서 고려인마을은 고려인 주민들의 한국어 향상 및 한국문화 이해 증진을 위한 다양한 프로그램을 운영해야 하며, 지역에 거주하고 있는 다른 이주민들의 문화 수용에도 적극 노력해야 한다. 이러한 노력을 통해서 광주 고려인마을은 고려인을 포함한 이주민들과 원주민들이 상호 공존하고 협력하는 다민족 · 다문화 공동체로 발전할 것이다.

④ 한국 내 고려인의 네트워크

광주광역시 고려인마을의 네트워크 특성을 살펴보면 다음과 같다. 첫째, 광주고려인마을은 고려인동포의 자생적 단체를 통해 지역 내 고려인들이 안정적으로 정착하는데 지원 활동을 벌이고 있으며, 이를 통해 고려인동포의 결속을 강화하고 있다. 둘째, 이천영목사의 헌신적인 활동과 교회 네트워크를 적극적으로 활용하여 지자체와 고려인지원 관련 지역 내 유관기관으로부터 적극적인 후원과 지원을 이끌어내고 있다. 셋째, 광주광역시 고려인마을의 네트워크는 광주기독교단협의회를 비롯하여 지자체 및 유관기관, 병원, 사회복지단체 등과 지원 및 협력 활동을 전개하고 있다. 마지막으로, 광주 고려인마을은 고려인동포들이 지역사회에 안정적으로 정착하고 고려인사회의 결속력을 높이는데 성과를 보이고 있지만, 지나치게 고려인들을 정책의 수혜자, 후원을 받는 관계, 의존적 관계 형성 등의 경향을 보이고 있다.

경기도 안산시 고려인마을의 네트워크 특성을 살펴보면 다음과 같다. 첫째, 경기도 안산시 고려인마을은 지역 내 고려인동포의 안정적인 사회적응과 정착을 위해 고려인지원단체인 너머가 주도적인 역할을 하고 있다. 너머는 NGO로써 고려인동포들이 한국사회에서 단순히 정책의 수혜자 입장에 머무는 것이 아니라 자립, 자생할 수 있는 고려인 공동체를 지향하는 지원 활동에 중점을 두고 있다. 아울러 국내 다른 지역의 고려인동포사회와의 교류와 연대활동을 중시하고 있다.[3] 둘째, 경기도 안산시 고려인마을은 지역사회와 국내 NGO들과 연대하여 안산시 고려인문화센터를 설립하여 고려인동포에 대한 지원 활동과 고려인 특별법 개정, 고려인동포 4세 문제 등 법, 제도적 개선 활동을 적극적으로 전개하고 있다. 셋째, 경기도 안산시 고려인마을의 네트워크는 국내 대표적인 고려인지원단체인 너머를 중심으로 동북아평화연대, 지자체 및 지역의 시민사회단체 등과 연대활동을 추진하고 있다. 마지막으로, 경기도 안산시 고려인마을은 국내 고려인동포사회의 주요 현안을 해결하기 위해 전국적 차원의 고려인 네트워크를 구축하는 활동을 추진하고 있다.

국내 고려인동포사회는 광주 고려인마을의 사례에서 보듯, 지역사회에 안정적으로 정착하기 위해서는 고려인사회의 구심적 역할을 할 수 있는 리더들을 발굴하고 양성하는데 노력해야 한다. 아울러 고려인동포사회의 현안(고려인 특별법 개정, 고려인동포 4세의 동포 지위 인정, 사회통합 지원 정책 등)을 해결하기 위해서는 고려인사회를 넘어서서 지역사회의 원주민과 타 이주민과 사회적 교류 및 연대 활동을 적극적으로 전개해나가야 한다.

⑤ 코리안 디아스포라의 언어사용과 민족교육

중국조선족, 재일한인, 카자흐스탄 고려인을 대상으로 설문조사를 실시하여 거주국의 주류언어 사용 실태의 결과를 요약하면 다음과 같다. 첫째, 중국조선족, 재일한인, 카자흐스탄 고려인의 거주국의 주류언어 구사 수준 및 일상생활에서 주류언어 사용 실태 결과를 비교해보면, 재일한인

3 김영숙(안산시 고려인문화센터 센터장) 인터뷰일자: 2018년 3월 2일

과 중국조선족이 카자흐스탄 고려인에 비해 상대적으로 높은 것으로 조사되었다. 이러한 결과는 카자흐스탄이 현재 소비에트화에서 카자흐화로 진행되는 체제전환기에 놓여 있는 특수한 상황과 밀접한 연관이 있다. 카자흐스탄은 1991년 소련 해체 이후 독립을 선포하면서 정치, 경제, 사회, 문화 등 모든 분야에서 카자흐 민족주의 정책을 취하고 있다. 소련시기 러시아어가 공용어가 되면서 고려인들은 철저히 러시아어 교육을 받았으며, 이를 통해 주류사회에 성공적으로 진출하였다. 그러나 카자흐어가 국가어로 지정되면서 많은 부분 어려움에 직면해 있다. 특히 정부기관에 진출하기 위해서는 카자흐어를 의무적으로 사용해야 하는 등 주류언어 습득이 중요한 과제가 되고 있다.

둘째, 거주국의 주류언어 사용 실태를 비교해보면, 조사대상자 중 전체적으로 남성이 여성보다 사용 수준이 높게 나타났다. 연령에서는 40대, 교육수준에서는 4년제 대학 졸업 및 대학원 졸업자, 직업에서는 전문관리직 · 일반전문직 · 공무원 등의 평균값이 높게 나타나 통계적으로 유의미한 것으로 조사되었다. 이러한 결과를 요약해보면, 주류사회에 안정적으로 적응하는 집단은 주로 고학력자이면서 전문직종(교수, 의사, 변호사, 교사, 기술자, 문화예술가, 공무원 등)에 종사하는 것으로 볼 수 있다.

이러한 연구결과를 토대로 코리안 디아스포라가 거주국의 주류사회에 성공적으로 진출하기 위한 정책적 시사점을 제시하면 다음과 같다. 첫째, 재외동포사회는 모국의 문화적 정체성을 유지하려는 노력과 함께 거주국의 주류사회에 적극적으로 참여하고 구성원들과 교류활동을 증진시키는 노력을 병행해야 할 것이다. 둘째, 재외동포사회는 모국어뿐만 아니라 거주국의 주류언어를 습득하는, 이른바 이중 언어 교육을 적극적으로 실시해야 한다. 이 연구는 중국조선족, 재일한인, 카자흐스탄 고려인을 대상으로 설문조사를 진행했다는 점에서 재외동포의 주류언어 사용 실태 결과에 대한 해석이 일정 부분 제한적일 수밖에 없다. 특히 미국, 캐나다, 호주, 유럽 등 다인종 · 다문화사회에 거주하고 있는 재외동포들을 대상으로 하는 후속 연구가 진행되어야 할 것이다. 이를 통해 재외동포의 주류사회의 진출을 위한 정책적 기반을 마련해야 할 것이다.

중국 심양과 연변 지역의 초 · 중 · 고 조선족학교에 재직하고 있는 조선어교사의 언어사용 실태에 대해 간략히 요약하면 다음과 같다. 첫째, 조선어교사들은 조선족이 조선어뿐만 아니라 중국어도 잘해야 한다는 인식을 가지고 있다. 둘째, 조선어교사들은 조선족학생이 조선족의 전통을 잘 유지하고 조선족의 역사와 문화를 잘 이해하기 위해 조선어를 배워야 한다고 생각한다. 셋째, 조선어교사들은 회의나 일상생활에서 조선어를 많이 사용하고 있는 반면, 자녀 및 학생들은 중국어를 더 많이 사용하고 있다. 넷째, 조선어교사들은 조선어가 앞으로 점점 더 발전하기보다는 점차 사라지게 될 것으로 인식하고 있다. 다섯째, 조선어교사들은 동북3성지역의 조선족학교들이 조선족의 이주와 인구 감소로 어려움에 처해 있다고 보고 있다. 여섯째, 조선어교사들은 한국정부 및 교육기관의 조선족학교 지원 정책에 대해 전반적으로 만족하고 있으며, 향후 교육시설 및 기자재 지원, 교사 초청 연수 지원 등이 필요하다고 보고 있다. 마지막으로, 조선어교사들은 조선족학교가 발전하기 위해서는 조선족사회의 학교에 대한 집중적인 투자가 가장 중요하다고 보고 있다.

결론적으로, 중국조선족의 민족교육 및 정체성의 문제는 동북 3성 지역 뿐만 아니라 베이징 · 칭다오 · 상하이 · 광저우 등 중국 대도시 지역, 나아가 한국 · 일본 · 미국 등 해외 지역에서도 해당되는 문제이다. 또한 조선족의 민족교육 문제는 단지 조선족사회의 문제가 아니라 한국사회도 함께 주체가 되어 해결에 나서야 할 것이다. 최근 한국에 이주, 정착한 조선족들은 한국 사람들이 기피하는 분야에 진출하여 한국의 경제 발전에 기여하고 있다.[4] 한국정부 및 교육기관의 조선족학교 지원은 한민족이기 때문에 모국의 언어와 역사, 문화를 배워야 하는 것이 당연하다는 인식보다는 수평적인 상호 이해와 신뢰를 바탕으로 지속적으로 추진되어야 할 것이다.

한편, 한국사회가 다문화사회로 진입하면서 다문화가정 청소년을 비롯한 중도입국청소년의 교육문제에 대한 정책적, 학문적 관심이 증대하고 있다. 특히 한국에 정착한 고려인청소년들은 주로 중도입국배경을 가지고 있어 한국사회 및 학교생활 적응에 많은 애로 사항을 가지고 있다. 광주광역시 고려인마을에서는 고려인동포 자녀들의 교육문제를 해결하기 위해 시교육청과 협력하여 새날학교를 대안위탁교육기관으로 인가받아 중도입국 자녀들을 대상으로 한국어 및 한국문화 교육을 집중 실시하고 있다. 또한 고려인마을은 취학 전 어린이를 대상으로 어린이집 운영, 초등학생들을 대상으로 한국어와 한국문화 교육, 외국어 교육(영어, 러시아어), 예체능, 문화체험 등을 지원하는 공립지역아동센터, 중·고등학생들을 대상으로 하는 방과 후 프로그램 등을 운영하고 있다. 그러나 고려인청소년들의 학교생활 적응 문제 — 학업포기, 일반학교 진입 어려움, 따돌림 등은 중요한 교육적 현안이 되고 있다.

이러한 문제를 해결하기 위한 정책적 방안을 제시하면 다음과 같다. 첫째, 새날학교나 다문화 예비학교에서는 중도입국 학생들과 일반학생들이 함께 어울리고 친해질 수 있는 프로그램 — 일반학생 홈스테이, 문화캠프, 야외 체험학습 등 — 을 적극적으로 개발, 운영해야 한다. 둘째, 현재 학교에서는 일반학생과 다문화학생을 대상으로 통합학급을 편성하여 체험활동이나 이중언어 교육을 실시하고 있지만 프로그램의 만족도는 높지 않

4 현재 한국에 이주한 조선족은 730,468명으로 집계되고 있다. 이들은 주로 재외동포(F-4) 비자와 방문취업(H-2) 비자, 영주(F-5) 비자, 방문동거(F-1) 비자 등을 소지하고 있다(출입국·외국인정책본부, 2019).

은 것으로 나타나고 있다. 대부분의 고려인청소년은 한 달에 한 번 하는 하나의 이벤트로 받아들이고 있거나 자신들은 손님에 불과하다는 인식을 가지고 있다. 따라서 학교 현장에서 실시되고 있는 다문화교육은 다문화가정 학생만을 위한 것이 아니라 모든 학생들의 다문화에 대한 인식과 이해를 증진시키는 방향으로 전환되어야 한다. 마지막으로, 다문화가정 학생들이 한국사회에 안정적으로 정착, 적응하기 위해 학교 교육 뿐만 아니라 직업 교육, 취업 지원에 관한 법 · 제도적 개선을 적극 추진해야 한다.

이 책은 현지조사와 면접조사, 설문조사 등을 통해 코리안 디아스포라의 이주 현상과 공동체, 사회적 교류 및 네트워크, 언어사용 및 교육 문제 등을 통해 초국가적 성격을 규명하고자 하였지만, 중국 베이징 및 일본 도쿄에 이주, 정착한 조선족과 러시아 · 중앙아시아에서 한국으로 이주한 고려인 사례를 중심으로 연구를 진행한 만큼 일정 정도 한계를 가지는 것이 사실이다. 따라서 코리안 디아스포라의 초국가적 성격을 규명하기 위해서는 이들 이외에도 세계 곳곳에 정착하여 살아가고 있는 코리안 디아스포라를 대상으로 설문조사 및 심층면접을 진행해야 할 것이며, 더불어 거주국의 사회구성원까지 포함하는 연구를 수행하는 후속 연구가 이루어져야 할 것이다.

| 참고문헌 |

강윤성(2012), "조선족의 정체성 및 이중언어의 교육방식에 관한 연구", 조선대학교 대학원 석사학위논문.

고광신 · 김형태(2011), "국내거주 고려인의 심리 · 사회적응에 영향을 미치는 요인", 『교회와 사회복지』 15.

고민경(2009), "초국가적 장소의 형성: 이태원을 중심으로 바라 본 서울의 세계화," 서울대 대학원 석사학위논문.

골람 하피스 · 신지원(2018), "한국 내 방글라데시 이주민의 사회적 네트워크에 관한 연구", 미발행 논문.

공윤경(2013), "다문화공간에 대한 이중적 시선과 차별화", 『한국민족문화』 제48집.

광주광역시 광산구(2016), 『광산구보』 264호.

광주광역시교육청(2016), 『2016학년도 함께 어울려 꿈과 끼를 키우는 다문화교육 활성화추진 계획(안)』, 광주: 광주광역시교육청.

광주광역시교육청(2017), 『2016년 다문화 학생 현황』, 광주: 광주광역시교육청.

교육부(2017), 『다문화가정 자녀 교육지원 대책』, 서울: 교육인적자원부.

교육인적자원부(2006), 『다문화가정 자녀 교육지원 대책』, 서울: 교육인적자원부.

구지영(2011), 「이동하는 사람들과 국가의 길항관계: 중국조선족과 국적에 관한 고찰」, 『동북아문화연구』 제27집.

권상철(1998), "미국 대도시지역 동양계 동족경제의 특성에 관한 연구: 뉴욕과 로스앤젤레스의 비교", 『한국지리환경교육학회지』 제6권 1호.

권태환 · 박광성(2004), "중국조선족 대이동과 공동체의 변화: 현지조사 자료를 중심으로",『한국인구학』 27집 2호.

권향숙(2012), 신종원 역, 『이동하는 조선족: 소수민족의 자기통치』, 성남: 한국학중앙연구원출판부.

______(2011), "일본사회와 중국조선족: 디아스포라 연구를 위한 몇 가지 기초적인 분석,"『미드리』 제7권.

권향숙(2011), "조선족의 도일과정에 나타나는 문화자본의 영향", 『미드리』 제6권.

______(2012), "조선족의 일본 이주에 관한 시론: 외국인 수용을 둘러싼 국가와 기업", 『일본비평』 8호.
______(2012), "조선족의 일본 이주와 에스닉 커뮤니티: 초국가화와 주변의 심화사이의 실천", 『역사문화연구』 제44집.
김경학(2014), "중앙아시아 고려인의 한국 이주와 정착: 광주 '고려인 마을'을 중심으로", 『국제지역연구』 17(4).
______(2014), "중앙아시아 고려인의 한국 이주와 정착: 광주 '고려인마을'을 중심으로", 『국제지역연구』 17(4).
______(2015), "우즈베키스탄 고려인의 한국 이주와 가족유형의 성격", 『디아스포라 연구』 9(2).
______(2017), "국내 고려인 아동의 국제 이주의 경험에 관한 연구", 『인문사회 21』 8(2).
김나경(2013), "재한 고려인의 공간 형성과 공동체 활동: 광주광역시 고려인 마을 사례 분석", 전남대학교 세계한상문화연구단 국내학술회의 자료집.
김승력(2017), "고려인 특별법 개정안 전망과 국내체류 고려인 현황", 고려인 강제이주 80주년 기념사업 학술회의 자료집.
김연수(2011), "여성결혼이민자 문화적응척도 개발연구", 『여성연구』 81(2).
김영란(2013), "다문화사회 한국의 사회통합과 다문화주의 정책,"『한국사회』 제14집 1호.
김영술 · 홍인화(2013), "중앙아시아 고려인의 광주지역 이주와 문화변용에 관한 연구", 『디아스포라 연구』 7(1).
김윤영(2012), 『국내체류 외국인 밀집지역 치안확보 방안』, 치안정책연구소.
김재기(2014), "광주광역시 광산구 지역 귀환 고려인의 이주배경과 특성", 『재외한인연구』 32.
김정선(2006), 「초국적 공동체(transnational community) 만들기, 한국남성과 결혼한 필리핀 여성들의 re-homing」, 『이화여자대학교 아시아여성학센터 학술대회자료집』.
김현선(2010), "한국체류 조선족의 밀집거주 지역과 정주의식: 서울시 구로, 영등포구를 중심으로", 『사회와 역사』 제87집.
김혜진(2016), "한국 거주 고려인 청년층의 민족정체성 변화", 『슬라브학보』 31(2).
남혜경 · 이미정(2016), "한국거주 고려인청년의 문화적응경험에 관한 질적 연구", 『인문사회21』 7(3).
리성일(2018), "중국 동북삼성 조선족학교 교육의 현황과 발전방향에 대한 사고", 『동북아 한민족의 민족교육: 현황 및 과제』 2018 동북아 평화교육 포럼 자료집.
마금선(2009), "연변에서의 이중언어 사용 실태와 한국어 교육", 『세계한국어문학』, 창간호.
모경환 · 황혜원(2013), "미국의 이중 언어 교육 정책 현광과 시사점", 『새국어생활』 23(4).

박경래 · 곽충구 · 정인호 · 한성 · 우위진(2012), 『재중 동포 언어 실태 조사』, 서울: 국립국어원.
박광성(2008), 『세계화시대 중국조선족의 초국적 이동과 사회변화』, 파주: 한국학술정보.
_____(2010), "초국적 이동과 중국조선족의 글로벌 네트워크", 『재외한인연구』 제21호.
박동훈 · 안화선(2012), "중국조선족의 초국가적 활동과 한반도: 디아스포라의 초국가적 성격에 관한 시각을 중심으로", 『평화학연구』 제13권 1호.
박배균 · 정건화(2004), "세계화와 "잊어버림"의 정치: 안산시 원곡동의 외국인 노동자 거주지역에 대한 연구", 『한국지역지리학회지』, 제10집 4호.
박봉수 등(2014), "일본의 이주배경 아동청소년을 위한 지원 제도 고찰: 학교 적응 및 지원 중심으로", 『청소년문화포럼』, 40.
박성혁(2009), 『다문화교육정책 국제 비교 연구』, 서울: 교육과학기술부.
박세훈 외, 『다문화사회에 대응하는 도시정책 연구(1): 외국인 밀집지역의 현황과 정책과제』, 서울: 국토연구원, 2009.
박세훈(2010), "한국의 외국인 밀집지역: 역사적 형성과정과 사회공간적 변화", 『도시행정학보』 제23집 1호.
박정의 · 성지연(2012), "재미한인의 삶의 만족감과 문화변용", 『스피치와 커뮤니케이션』, 19.
박찬인(2015), "프랑스와 미국 다문화 가정 이주민의 언어와 문화적 갈등과 극복: 대안으로서의 다문화 교육 및 정책을 중심으로", 『인문학연구』 101.
배규식 외(2013), 『중국 조선족 청년의 이주와 노동시장 진출 연구』, 서울: 대외경제정책연구원.
배상률(2016), 『중도입국 청소년 실태 및 자립지원 방안 연구』, 세종: 한국청소년정책연구원.
백권호 외(2010), 『재중 한인사회 연구: '코리안타운'을 중심으로』, 경제 · 인문사회연구회.
법무부(2018), 「출입국외국인정책 통계월보」 4월호.
선봉규(2014), "한민족 디아스포라의 문화변용 연구: 중국조선족과 재일코리안을 중심으로", 『민족문화논총』 56.
_____(2016), "중국 연변조선족의 한국 연계 활동과 정체성에 관한 연구", 『한국동북아논총』 제21집 제1호.
_____(2016), "한민족 디아스포라의 주류언어 사용 실태 연구: 중국조선족, 재일한인, 카자흐스탄 고려인을 중심으로", 『인문사회21』 78(3).
_____(2017), "다문화가정 자녀의 교육 현황 및 과제: 광주광역시 거주 고려인동포 자녀를 중심으로", 『인문사회21』 8(2).
_____(2017), "한국에서 외국인 집거지의 형성과 공간적 특성에 관한 연구: 광주광역시

고려인마을을 중심으로”, 『한국동북아논총』 22(2).
______(2017), “조선족의 이주와 에스닉 커뮤니티 연구: 재일조선족을 중심으로”, 〈2017 합동국제학술회의: 초국가시대 디아스포라 담론과 실제〉 국제학술회의, 전남대학교, 2017.2.6.
______(2018), “코리안 디아스포라의 귀환이주와 사회적응: 중앙아시아 고려인 사례”, 〈2018 국제학술회의: 신세계질서에서의 국제이민: 문제 및 전망〉 국제학술회의, 대만 타이베이 국립정치대학교, 2018.3.16.
______(2019), “중국 조선족학교 조선어교사의 언어 사용과 조선족학교의 발전 과제”, 『인문사회21』 10(6).
성상환(2009), “독일의 다문화교육 정책 현황”, 『다문화교육 연구와 실천』 1.
손안석(2012), “대두하는 중국과 재일 중국인 커뮤니티의 변화”, 『일본비평』 제6호.
안천(2011), “일본의 이민정책과 일본 거주 외국인 현황”, 『민족연구』 48.
여성가족부(2016), 『2015년 전국다문화가족실태조사 주요 결과』 서울: 여성가족부.
예동근(2010), “종족성의 자원화와 도시 에스닉 커뮤니티의 재구성: 북경 왕징 코리아타운 조선족결사체를 중심으로”, 『동북아문화연구』 제25집.
______(2012), “조선족의 도시 이주적응과 다민족 관계”, 『디아스포라연구』 제6권 1호.
오성배 등(2013), 『중도입국 청소년 지역별 지원 실태에 대한 분석』, 고양: IOM이민정책연구원.
오성애(2010), “청도 거주 조선족의 언어 능력과 언어 태도”, 『한국학연구』 23.
외교부(2017), 『재외동포현황 2017』 서울: 외교부.
______(2019), 『재외동포현황 2019』 서울: 외교부.
우명숙 · 이나영(2013), “‘조선족’ 기혼여성의 초국적 이주와 생애과정 변동: 시간성과 공간성의 교차 지점에서”, 『한국사회학』 제47집 5호.
윤광일(2016), 『이민자 네트워크 해외 사례 및 국내 적용 방안 연구』 2016 법무부 연구용역 보고서.
윤인진(2005), “재외동포 차세대 현황과 한민족공동체로의 포용방안-재미동포를 중심으로”, 『단군학연구』 13.
윤인진 · 이윤경(2013), “왕징 코리아타운내 조선족과 한국인간의 상호인식과 사회관계: 다자적 동족집단모델의 도입”, 『한국학연구』 제47집.
윤인진 · 임창규(2008), “재미동포 차세대의 인구학적 특성과 사회경제적 지위와 성취: 세대별 및 민족집단별 비교”, 『세계지역연구논총』 26(3).
윤인진 · 김희상(2016), “재외동포 귀환 이주민 공동체의 형성과 현황”, 『한국민족문화』 60.
이규태 · 구광범(2011), 『중국의 소수민족정책 변화와 정책적 함의』 서울: 경제인문사회

연구회.
이미정 등(2015), "다문화학생을 위한 멘토링 활동 효과: 논리모델을 중심으로", 『Asia-pacific Journal of Multimedia Services Convergent with Art, Humanities, and Sociology』 5(4).
이상우(2015), "초국적 이주, 중국조선족과 경계 설정",『한국과 국제정치』 제31권 제2호.
이영심 · 최정신(2008), "우리나라에 거주하는 고려인(高麗人)의 주거 및 주생활: 재한(在韓) 고려인 이주 노동자의 주거 지원을 위한 탐색", 『Family and Environment Research』 46(4).
이영형(2009), "카자흐스탄의 지리환경과 국제정치적 분할의 문제: 카자흐스탄에 대한 러시아 영향력의 지속성과 평가", 『중앙아시아 국내학술대회 자료집』, 서울 한양대학교: 한양대 아태지역연구센터 · 대외경제정책연구원 · 한국슬라브학회 · 현대중국학회.
이윤경 · 윤인진(2015), "중국 내 한인의 초국가적 이주와 종족공동체의 형성 및 변화: 베이징 왕징 코리아타운 사례 연구", 『중국학논총』 제47집.
이진영(2012), "글로벌 이주와 초국가 공동체의 형성: 영국 거주 조선족 사회의 형성과 변화", 『한국동북아논총』 제62호.
이창원, "문화 간 소통을 위한 이주민 미디어의 역할과 과제", 『ISSUE brief』 2015-03, IOM이민정책연구원, 2015.
이창호(2007), "한국 화교의 사회적 공간과 장소: 인천 차이나타운을 중심으로", 한국학중앙연구원 한국학대학원 박사학위논문.
이해영 · 이준호(2012), "국외 다문화사회의 언어 교육 정책: 호주와 일본의 사례를 중심으로", 『새국어생활』 22(3).
임채완 · 선봉규(2013), "과계민족으로서 중국조선족 민족정체성과 문화변용의 상관성 연구",『세계지역연구논총』 31(3).
임채완 · 선봉규 외(2013), 『코리안 디아스포라: 이주루트와 기억』, 성남: 북코리아.
______(2014), 『코리안 디아스포라의 집단적 기억과 재영토화』, 성남: 북코리아.
______(2015), 『코리안 디아스포라의 혼종성과 문화영토』, 성남: 북코리아.
______(2017), 『코리안 디아스포라의 현지적응과 정착기제』, 성남: 북코리아.
장시준(2006), 『사회자본의 개념과 교육적 시사점』, 한국교육학술정보원.
정기선 외, 『경기도내 외국인 밀집지역 현황 분석 및 의제 발굴』, 고양: IOM이민정책연구원, 2012.
정종호(2013), "왕징모델: 베이징 왕징 코리아타운의 형성과 분화", 『중국학연구』 제65집.
정현숙(2012), "캐나다 일본계의 커뮤니티 조직과 활동", 『비교일본학』 제26집.

조현미(2006), "외국인 밀집지역에서의 에스닉 커뮤니티의 형성: 대구시 달서구를 사례로,"『한국지역지리학회지』 제12집 5호.
최병두(2012), "초국적 이주와 한국의 사회공간적 변화", 『대한지리학회지』 제47집 1호.
최영신 · 강석진(2012), 『외국인 밀집지역의 범죄와 치안실태 연구』 한국형사정책연구원.
출입국 · 외국인정책본부(2019), 『출입국 · 외국인정책 통계월보』 2019년 6월호.
_____(2016), 『출입국 · 외국인정책 통계월보』 2016년 10월호.
_____(2017), 『출입국 · 외국인정책 통계월보』 2017년 1월호.
카사이 노부유치(2011), "재일조선족의 이주와 조선족네트워크의 상대화", 『미드리』 제7권.
파르피에브 스름(2015), "위구르인의 민족정체성 연구: 카자흐스탄의 민족정책과의 상관성을 중심으로", 전남대학교 대학원 석사학위논문.
풍의산(2000), "중국의 민족언어 정책과 연변의 한국어 사용 실태", 『정신문화연구』 23(2).
프레드 벅스텐 · 최인범(2003), 『코리안 디아스포라와 세계경제』, 국제경제연구소.
허명철 · 박금해 · 김향화 · 리정(2003), 『연변조선족교육의 실태조사와 대안 연구』, 중국: 료녕민족출판사.
홍숙영(2017), "고려인의 귀환과 이주의 내러티브 탐색", 『다문화사회연구』 10(2).
황정원(2016), "우리나라의 다문화 학생 현황", 『교육개발』 197.
한성우(2011), "중국 청도 조선족사회의 언어 정체성", 『방언학』 14.

Abrahamson, M(1996), "Urban Enclaves: Identity and Place in America", Review by David M. *Human, Contemporary Sociology*. vol.25, no.6.
Babaei, Hamidreza, Nobaya Ahmad and Sarjit S. Gill. Bonding(2012), "Bridging and Linking Social Capital and Empowerment among Squatter Settlements in Tehran, Iran", *World Applied Sciences Journal*, vol.17, no.1.
Barry, D. T(2001), "Development of a New Scale for Measuring Acculturation: The East Asian Acculturation Measure(EAAM)", *Journal of Immigrant Health*, 3(4).
Berry, J. W(1997), "Immigration, acculturation and adaptation", *Applied Psychology: An International Review*, 46.
Berry, J. W(2001), "A psychology of immigration", *Journal of Social Issues*, 57(3).
Marin Gerado and Gamba Raymond J(1996), "A New Measurement of Acculturation for Hispanics: The Bidimensional Acculturation Scale for Hispanics(BAS)", *Hispanic Journal of Behavioral Sciences*, 18(3).
Paxton, Pamela(2002), "Social Capital and Democracy: An Interdependent

Relationship", *American sociological review*, vol.67, no.2.

Portes, A(1995), *The economic sociology of immrgration: essays on network, ethnicity, and entrepreneurship*, New York: Russell Sage Foundation.

Putnam, Robert(2007), "E pluribus unum: Diversity and community in the twenty-first century the 2006 Johan Skytte Prize Lecture", *Scandinavian political studies*, vol.30, no.2.

Safran, W(1991), "Diasporas in modern societies: myths of homeland and return", *Diaspora: A Journal of Transnational Studies*, vol.1, no.1.

Stephen Castles and Mark J. Miller(1993), *The Age of Migration: International Population Movements in the Modern World*, New York: The Guildford Press.

Suinn, Rickard-Figueroa, Lew & Vigil(1987), "The Suinn-Lew Asian Self-Identity Acculturation Scale: An Initial Report", *Educational and Psychological Measurement*, 47.

望京街道办事处(2010),『望京印象: 十年望京路, 一座國際城』

中國社會科學院(2008),『社区建设中国际 民族因素的影响及对策-多国籍, 多民族的北京市望京社区研究』

경향신문, 2010.03.31.

광주일보, 2017.02.09.

기독타임스, 2016.01.19.

길림신문, 2011.06.14.

길림신문, 2011.07.15.

길림신문, 2013.03.27.

길림신문, 2015.10.12.

길림신문, 2016.10.27.

길림신문, 2016.03.29.

나눔방송, 2015.07.15.

나눔방송, 2016.04.07.

나눔방송, 2017.01.08.

남도일보, 2016.04.10.

동북아신문, 2006.02.05.

동아일보, 1998.09.25.

상하이저널. 2006.03.13.
아주경제, 2014.06.01.
아주경제, 2015.02.09.
에듀동아, 2017.03.22.
연합뉴스, 2015.01.19.
연합뉴스, 2015.08.20.
연합뉴스, 2015.09.07.
이뉴스투데이, 2015.01.19.
인민넷, 2015.08.24.
인민넷, 2018.10.10.
인터넷료녕신문, 2010.04.28.
재외동포신문, 2011.05.16.
재외동포신문, 2014.06.16.
재외동포신문, 2015.05.06.
재외동포신문, 2017.01.11.
조선일보, 2016.12.05.
중국동포신문, 2016.05.17.
중국의 창, 2017.01.13.
중앙일보, 2007.08.08.
통일뉴스, 2005.03.23.
프레시안, 2016.05.29.
한겨레, 2011.11.18.
한국일보, 2015.12.18.
한국일보, 2015.08.25.
흑룡강신문, 2016.10.31.
news 1, 2017.02.02.
THE EPOCH TIMES, 2018.09.21.
worldKorean, 2011.12.04.
worldKorean, 2016.10.08.
worldKorean, 2017.03.24.

http://edzine.kedi.re.kr
http://hanamic.allthru.kr

http://jkce.org/index.html
http://kcca.ivyro.net/index.php
http://kocham.hk/xe/index.php?mid=home
http://korean.people.com.cn
http://kowin.mogef.go.kr/hom/main/main.do
http://shimto.com/bbs/board.php?bo_table=news&wr_id=16814
http://www.bjkrst.com/
http://www.carenation.or.kr/etc/support.php
http://www.elis.go.kr
http://www.epochtimes.co.kr
http://www.hikorea.go.kr
http://www.immigration.go.kr/
http://www.jamir.or.kr/bbs/board.php?bo_table=sub_1_1
http://www.jckwomen.com
http://www.kcjfa.com
http://www.koreancoop.com
http://www.koreancoop.com/
http://www.koreansan.org/
http://www.koreansan.org/?p=1638
http://www.kowinner.org/
http://www.law.go.kr
http://www.law.go.kr
http://www.mindan.org/kr/shokai07.php
http://www.mofa.go.kr
http://www.moi.go.kr
http://www.nime.or.kr
http://www.nrf.re.kr
http://www.rainbowyouth.or.kr
http://www.saenalschool.com
http://www.saenalschool.com
http://www.smwc.co.kr
http://www.unicef.or.kr
http://www.wee.go.kr

| 찾아보기 |

(ㄱ)

가리봉동 38, 84
강제이주 87
개혁개방 35, 185
거주국 80, 144, 191
결속형 네트워크 31
결혼이주민 20
경기도 고려인 주민 지원 조례 120
경기도 안산시 29, 107
경기도 안산시 고려인마을 190
경기도 안산시 단원구 83
경상남도 김해시 22
경상북도 경주시 22
고려인 22, 37, 85, 87, 92
고려인 80인 선언문 123
고려인동행위원회 117
고려인마을 30, 89, 113, 176, 180
고려인마을가족카페 97
고려인마을 자율방범대 102
고려인마을협동조합 90, 97, 99
고려인 만민회의 122
고려인문화센터 120, 122
고려인의 날 91, 118, 189
고려인종합지원센터 92
고려인 주민 지원 조례 22
고려인지원센터 90
고려인 특별법 121
고려인특화거리 98
고려FM 92, 105
고용허가제 84
고향 57
고향탐방단 53
공업화 35
과계민족 129
광산구 22
광주광역시 22, 29
광주광역시 고려인마을 188
광주광역시 고려인 주민 지원 조례 90
광주광역시교육청 155
광희동 85
교량형 네트워크 32
교육부 162
구로구 38
국가어 132
국경없는 마을 107
국제인권규약 158
글로벌 도시 47
기업인 41
길림성 19, 35, 145
깔끔이봉사단 93

(ㄴ)

너머 109, 122, 191

너머 분소 110

네트워크 30

뉴욕 38

뉴저지 38

(ㄷ)

다국적 기업 46

다문화가정 자녀 103, 161

다문화가정 자녀 교육지원 대책 162

다문화가족지원법 160

다문화 거리 107

다문화 골목반상회 189

다문화교육 166

다문화교육 활성화 및 다문화가족 학생 지원 조례 173

다문화 연구학교 167

다문화 예비학교 166

다문화 유치원 166

다문화 정책학교 164

다문화 중점학교 167

단독주택 96

단일민족국가 20

대림동 38, 84

대안학교 166

도시우리말학교협의회 54

도시화 35

도쿄 21, 38

독립국가연합(CIS) 87

동부이촌동 80

동북 3성 19

동북아인 27

동북아청년연합회 66

동북아평화연대 121, 191

동북아한민족교육교류협력에 관한 조례 155

동아시아조선족 27

디아스포라 30, 57

땟골마을 108

(ㄹ)

러시아 87

러시아어 무료강좌 104

러시아화 87

리먼 쇼크 131

(ㅁ)

모국 57

문화접변 127

미국 38, 82

민족교육 28, 53, 69, 146, 154, 157, 188, 193

민족구역자치법 129

민족국가 19

민족어 132

민족정체성 54, 58, 127, 146, 157

민족집거지 19, 145

(ㅂ)

바람개비 꿈터 공립지역아동센터 105

반월공단 107

방문취업 87

방문취업제 28, 37, 84

방문학자 38
베이징 21, 35
베이징시조선족민속축제 58
베이징시조선족운동회 58
베이징애심여성네트워크 50
베이징 올림픽 46
베이징조선족골프협회 55
베이징조선족기업가협회 48
베이징조선족노인협회 51
베이징조선족축구협회 55
베이징총한국학생연합 61
베트남 82
변경국가 129
북한이탈주민 39, 92

(ㅅ)

사단법인 고려인마을 99
사회자본 30
사회적 관계 19, 30
사회적응 79
상호부조 80
새날학교 174, 176
샘물한글학교 68
서래마을 80
서울시 구로구 84
서울시 영등포구 83
선부2동 108, 175
세계음식문화축제 95
세계한민족여성네트워크 60
세계한인무역협회 일본 치바지회 67
세계한인무역협회(World-OKTA) 49
소련 28, 87
소비에트화 192
소수민족 87, 129
소수민족집거지 80
쉼터 71
쉼터물산 74
스탈린 87
스포츠 커뮤니티 55
시민권 80
시화공단 107
신조선족 27
신한촌 87
쏭끄란 축제 95

(ㅇ)

아리랑노인문체교류협회 51
안산시 22
안산시 고려인 주민 지원 조례 120
안산시 단원구 107
안산시민원탁회의 121
안산시 상록구 사동 110
안산시 외국인주민센터 121
양꼬치 98
어린이우리말교실 68
에스닉 커뮤니티 19, 65
여성가족부 60
연변1중일본학우회 67
연변대학일본학우회 66
연변조선족자치구 35
연변조선족자치주 19, 130, 145
연쇄이주 47, 81, 84
연해주 87
영국 38

영등포구 38
옌자오 45
오사카 38
온라인 커뮤니티 71
왕징 21, 39
왕징 코리아타운 42
외국국적동포 20, 161
외국인근로자문화센터 113
외국인등록자 82
외국인 이주자 102
외국인주민 명예통장제 94
외국인 집거지 79, 80, 93
요녕성 19, 35, 145
우리말학교 187
우즈베키스탄 87
원곡동 85, 107
원룸 96
원적학교 178
원주민 21, 93, 96
월곡동 22, 88, 92, 175
월드옥타 베이징지회 49
월세촌 107
유학생 38
유학생 10만명 계획 62
이주노동자 20
이주 노동자와 그 가족의 권리보호에 관한 국제협약 160
이주민 96
이주배경 청소년 169
이주아동 158
이주의 시대 19
이주의 일상화 27
이중언어 교육 154, 194
이촌동 84
이태원동 84
인천광역시 22
일본 38, 62
일본계 브라질인 131
일본어 63
일본 유학 62
일본조선족문화교류협회 70
일본조선족연구회 67
임시노동자 80

(ㅈ)

재미조선족 27
재외동포 87
재외동포법 37, 181
재외동포재단 61, 155
재일조선족 21, 27, 63
재일조선족여성회 68
재일조선족축구협회 70
재일한인 144
재한외국인처우기본법 160
재한조선족 27
적응기제 19
전국 고려인네트워크 추진위원회 121
전국애심여성포럼 59
전국조선족기업가골프협회 56
정음우리말학교 53
정체성 19, 28, 58, 65, 120, 193
제2언어로서의 한국어교육 175
조선어 148, 150
조선어교사 147, 154

조선족 44, 92
조선족 2세 69
조선족 신집거지 58
조선족 여성 50
조선족 커뮤니티 186
조선족학교 53, 130, 146, 154, 193
조선족학생 150
조선족 IT기업가 64
주류문화 19
주류사회 128
주류언어 128, 133, 137, 144, 191
주말학교 68
주재원 41
주한 프랑스학교 84
중국 82
중국어 69, 148, 151
중국어교실 68
중국조선족 19, 27, 37, 144, 185
중국조선족학생센터 52
중도입국 자녀 162, 169
중도입국 학생 164, 177
지구화 19
지신허 87
집합적 기억 57
쫄츠남 축제 95

(ㅊ)

차세대 무역스쿨 49
차이나타운 38
천지협회 66
체제전환 88
초국가적 이주 네트워크 79
초국가적 활동 20
초국적 공간 47, 59, 185
초국적 사회공간 19
초국적 이주 19
출입국관리 및 난민인정법 62
충남 천안 22
충청북도 청주시 22
칭다오 35

(ㅋ)

카자흐스탄 87
카자흐스탄 고려인 144
카자흐어 132
카자흐화 132, 192
커뮤니티 22
코리아타운 38, 40, 47
키르기스스탄 87

(ㅌ)

태국 82
토착민족주의 88

(ㅍ)

평동산업단지 88
필리핀 82

(ㅎ)

하남공단 22
하남산업단지 88
한국교회 41
한국기업 36
한국 대기업 36

한국식당 41
한국어 69, 161, 172
한국어 교육 109
한국인 36, 44
한국학교 41
한글교실 68
한글야학 109
한족 21, 153, 185
한족학교 149
한 · 중 수교 37, 41, 59, 185
항일독립운동 87
화교 84
흑룡강성 19, 35, 145

(ABC)

IMF 금융위기 41
IT 기업 64
UN 아동권리협약 158
UN 이주노동자권리협약 158